DONA IVONE LARA
Sorriso negro

© Mila Burns 2019
Editor da coleção 33 1/3 Series: Jason Stanyek
Esta versão de Dona Ivone Lara's Sorriso Negro *foi publicada pela Editora Cobogó a partir do acordo com a Bloomsbury Publishing Inc.*

Mila Burns

DONA IVONE LARA
Sorriso negro

Tradução de
Alyne Azuma

SUMÁRIO

Sobre a coleção **O LIVRO DO DISCO** — 7
Agradecimentos — 9
Introdução — 13

Parte 1 — 33
As mulheres e o samba — 35
A sereia Guiomar — 39
De braços com a felicidade — 44
Alguém me avisou — 48
Samba caseiro — 53
Meu fim de Carnaval não foi ruim e Nunca mais — 59
Primeiros passos — 64
O surgimento do feminismo — 68

Parte 2 — 75
Rostos — 77
Nomes — 81
Os cinco bailes da história do Rio — 88

Adeus de um poeta	93
Me deixa ficar	97
Unhas	100
Tendência	103
Parte 3	109
Sorriso negro	111
Um sorriso para dois	117
Samba e ditadura	124
Silenciando um movimento	128
O movimento negro dos anos 1970	133
Axé de langa	136
Epílogo	143
Referências bibliográficas	149

Sobre a coleção O LIVRO DO DISCO

A coleção O Livro do Disco foi lançada em 2014, pela Cobogó, para apresentar aos leitores reflexões musicais distintas sobre álbuns que foram, e são, essenciais na nossa formação cultural e, claro, afetiva. Inspirada inicialmente pela série norte-americana 33 1/3, da qual publicamos traduções fundamentais, O Livro do Disco hoje tem uma cara própria, oferecendo ao público livros originais sobre música brasileira que revelam a pluralidade e a riqueza da nossa produção.

A cada título lançado, o leitor é convidado a mergulhar na história de discos que quebraram barreiras, abriram caminhos e definiram paradigmas. A seleção de álbuns e artistas muitas vezes foge do cânone esperado. Isso se dá, sobretudo, devido à formação diversa dos autores: críticos, músicos, pesquisadores, produtores e jornalistas que abordam suas obras favoritas de maneira livre, cada um a seu modo – e com isso produzem um rico e vasto mosaico que nos mostra a genialidade e a inventividade encontradas na sonoridade e nas ideias de artistas do Brasil e do mundo.

O Livro do Disco é para os fãs de música, mas é também para quem deseja um contato mais aprofundado, porém acessível, com o contexto e os personagens centrais de trabalhos que marcaram a história da música. Em tempos de audição fragmentada e acesso à musica via plataformas de *streaming*, (re)encontrar esses discos em sua totalidade é uma forma de escutar o muito que eles têm a dizer sobre o nosso tempo. Escolha seu Livro do Disco e se deixe embalar, faixa a faixa, por sons e histórias que moldaram — e seguem moldando — nossas vidas.

Agradecimentos

Sou profundamente grata a Isabel Diegues e a toda a equipe da Cobogó por abraçarem o sonho de ver este livro traduzido no Brasil. Lorena Calábria, além de presentear tantos leitores com uma obra inspiradora para esta mesma série, foi a primeira a apontar para a possibilidade de publicar *Sorriso negro* no país. Agradeço, também, a Jason Stanyek pelo convite para escrever sobre um dos meus álbuns favoritos para a editora Bloomsbury Academic, que publicou em 2019 a versão original deste livro. Sua sensibilidade e seu conhecimento sobre música brasileira tornaram esta aventura mais desafiadora e prazerosa.

Também agradeço a Gilberto Velho, que me ajudou a enxergar para além dos sambas de Dona Ivone Lara quase duas décadas atrás. No Departamento de Estudos Latinos e Latino-Americanos do Lehman College (City University of New York) encontrei um ambiente intelectual acolhedor e caloroso nas figuras de David Badillo, Laird Bergad, Forrest Colburn, Alyshia Galvez, Teresita Lovy, Veronica Mason, Sarah Ohmer, Milagros Ricourt e Xavier Totti. Também sou grata a Rima Brusi, José Luis Cruz, Melissa Kirk, James Mahon, Eileen Markey, Mary Phillips, Yini Rodríguez e Orquidia Rosado Acevedo.

Este livro é o resultado da minha paixão pela música de Dona Ivone Lara e pelos debates profundamente engajadores que ela provoca. Pude contar com conversas inspiradoras com amigos e mentores, incluindo Catalina Arango, Marina Bedran, Fatima Borba, Jonathan C. Brown, Lorena Calábria, Marcelo Camelo, Adriana Carranca, Celso Castro, Rafael Cesar, Amy Chazkel, James N. Green, Thomas Kessner, Mallu Magalhães, Amanda Marin, Marcelo Nogueira, Karen Okigbo, Gabrielle Oliveira, Francisco Quinteiro Pires, Mary J. Roldán, João Luiz Sampaio, Katia Santos e Victoria Stone-Cadena.

Paula Abreu, João Cavalcanti, Renata Chiara, Nayla Duarte, Otair Fernandes de Oliveira, Mariana Gross, Flávia Jácomo, Manu Santos e Rogéria Vianna me ajudaram dedicando tempo, contatos e apoio. Adelzon Alves, Elifas Andreato, Adilson Barbado, Hermínio Bello de Carvalho, Leci Brandão, Nilze Carvalho, Zélia Duncan, Elisa Lucinda, Áurea Martins, Wanderson Martins, Mart'nália, Bertha Nutels, Eber Pinheiro, Bira Presidente, Juliana Ribeiro e Zé Luiz do Império Serrano — muito obrigada pela generosidade. Pretinho da Serrinha e Leandro Braga, dois dos compositores mais talentosos do Brasil, ouviram novamente todos os álbuns de Dona Ivone Lara para me ajudar com a análise musical de *Sorriso negro*. Zé Luis Oliveira analisou cada faixa ao meu lado e me explicou todos os sons que ouvíamos. Serei sempre grata. Eles me concederam entrevistas que permeiam este livro. Devido ao formato desta edição, optamos por não apontar em notas que as falas foram resultado de entrevistas com a autora. Também foram removidas algumas referências da publicação original, mas todos os autores que influenciaram este trabalho aparecem citados nas referências bibliográficas.

Agradeço, ainda, à pesquisadora Dayene Beatriz e à equipe do Museu da Imagem e do Som, no Rio de Janeiro, e da Biblioteca Pública de Nova York, em especial ao Centro Schomburg de Pesquisa sobre Cultura Negra da Biblioteca Pública de Nova York. Beatriz Von Zuben, na Warner Music Brazil, me ajudou a localizar informações sobre *Sorriso negro*.

Por fim, sou grata aos meus pais e à minha irmã, com quem ouvi tantos desses sambas pela primeira vez. Ao meu marido, Francisco, que me ajudou não apenas discutindo a teoria, mas pondo a mão na massa na prática, com inúmeras revisões da versão original e da tradução. Com ele compartilho um amor profundo por samba, livros, comida e pelo Matias. Criar o Matias junto com ele é a prova viva da importância do legado de Dona Ivone Lara. Não apenas porque suas melodias o fazem dançar lindamente, mas porque sua vida aponta para a possibilidade de um mundo no qual mulheres e homens compartilhem amores e responsabilidades. Este livro é para o Matias.

Introdução

Historiadores estão acostumados a esperar. Pode levar anos, às vezes gerações, para começarmos a compreender um fato histórico. Jornalistas, por outro lado, são treinados para ter pressa. Em segundos, um furo pode escapar por entre os dedos e pertencer a outra pessoa. Seja como historiadora, seja como jornalista, tenho apreço e carinho por *Sorriso negro*, de Dona Ivone Lara, desde que ouvi esse disco pela primeira vez. Seus 38 minutos possuem uma urgência que viaja pelos séculos de história brasileira tecendo religiões, origens, as lutas das mulheres, injustiças políticas, o racismo, o amor, o samba, a MPB, as tradições e as inovações. O álbum é uma fonte primária para entender as tensas relações do Brasil com raça, gênero e democracia. É também um resumo da história da música brasileira, além de ser um testamento da vida e do legado de Dona Ivone Lara.

Com canções sobre liberdade, orgulho negro e empoderamento feminino, *Sorriso negro* refletiu as mudanças fundamentais que inundaram o Brasil nos anos finais da ditadura civil-militar. Em fevereiro de 1981, quando o álbum foi lançado, a promessa de uma abertura lenta e gradual estava começando a se tornar realidade no país. Esse processo, depois de quase duas décadas de um regime violento, começou com a assinatura da Lei da Anistia, em dezembro de 1979. Essa medida legal possibilitou que todos os brasileiros exilados voltassem para casa, ao mesmo tempo que isentou torturadores e violadores dos direitos humanos de acusações legais, visto que a anistia era "ampla, geral e irrestrita". Em dezembro do mesmo ano, o jornal *The New York Times* escreveu: o "general perde as rédeas no Brasil", fazendo referência a João Baptista Figueiredo, o último dos governantes militares. Antigo oficial da cavalaria que, supostamente, declarou preferir o cheiro dos cavalos ao das pessoas, Figueiredo foi o quinto em uma série de presidentes militares no Brasil desde o golpe de Estado de 1964.

Sorriso negro resulta desse clima político. O álbum foi influenciado pelos desafios enfrentados por mulheres e afrodescendentes no Brasil e, ao mesmo tempo, deu forma à luta por igualdade. Além de ser um símbolo de movimentos por justiça racial e de gênero, ele também fala do período em que viveu Dona Ivone Lara, que, por mais de 90 anos, testemunhou cotidianamente tais disparidades. Como mulher negra que escolheu ser compositora de samba, Dona Ivone Lara teve de enfrentar expectativas e obstáculos durante toda a vida.

A opressão violenta às liberdades civis foi a norma durante a ditadura. No começo dos anos 1980, a sensação de retorno iminente à democracia permitiu que o movimento feminista, lançado timidamente no fim da década de 1960, se desenvolvesse por completo. Até o fim dos anos 1970, o ativismo político estava pouco conectado à sugestão de uma revisão nos papéis de gênero que relegaram as mulheres a um lugar secundário na sociedade brasileira. O foco era enfrentar o regime autoritário. Com o enfraquecimento do governo ditatorial, a questão da participação política e dos direitos da mulher se tornou uma preocupação central. O que estava em jogo não era apenas a derrubada da ditadura, mas o papel específico dos grupos sub-representados em uma sociedade civil que os tinha privado de direitos por tanto tempo.

A criação de duas revistas dedicadas à luta por igualdade para mulheres, *Brasil Mulher* e *Nós Mulheres*, e a publicação do livro *Memórias das mulheres do exílio*, em 1980, refletiram o clima de mudança que ocorria quando Dona Ivone Lara lançou *Sorriso negro*. O início da década de 1980 também trouxe um aumento considerável na participação das mulheres na força de trabalho e no universo da política. Antes do golpe de 1964, apenas 0,6% do Legislativo era composto por mulheres. Nas primeiras eleições democráticas depois da ditadura, em 1985, esse número aumentou para quase 6% e incluiu a emergência da política Benedita da Silva, mulher oriunda de uma favela no Rio de Janeiro. No entanto, a persistência de antigas estruturas acompanhou esse processo: permanecia a expectativa de que as mulheres cuidassem do trabalho doméstico, criassem os filhos e aceitassem empregos "tipicamente femininos". Os compositores de samba eram (e ainda são) predominantemente homens.

O álbum também questionou a posição dos negros na sociedade brasileira. O título e muitas das canções estabeleceram a injustiça racial como tema central. Não por acaso. No começo dos anos 1980, quando *Sorriso negro* foi lançado, o movimento negro ganhava força no país. Em um processo semelhante à mudança nos debates sobre gênero, o debate sobre raça emergiu de modo muito mais ostensivo depois da abertura. Durante a ditadura, o governo abraçou uma narrativa antirracista em uma tentativa de silenciar o Movimento Negro. Seus militantes foram acusados de serem antipatriotas por se inspirarem no Movimento pelos direitos civis dos Estados Unidos.

Com o regime militar desprestigiado, entretanto, os ativistas negros exigiram proteção e mudanças na legislação. Uma das vitórias mais significativas foi o estabelecimento, na Constituição de 1988, da discriminação racial como um crime sujeito a prisão sem fiança.

A tortura e o assassinato de Robson Silveira da Luz, acusado pela polícia de roubar frutas de uma feira de rua, e episódios de discriminação racial em instituições como o Clube de Regatas Tietê foram momentos de virada que culminaram no crescimento do movimento negro no Brasil. Um exemplo disso é a fundação do Movimento Negro Unificado, em julho de 1978, com o propósito de reagir à violência racial. O grupo incorporava ideais ligados a heróis nacionais como Zumbi dos Palmares, além daqueles associados a defensores estrangeiros dos direitos humanos, como Malcolm X. Entre os afro-brasileiros, *"black is beautiful"* ("negro é lindo") se tornou um mantra mais forte que "Diretas Já". A desigualdade racial no mercado de trabalho, a ausência de representantes negros em cargos políticos e a profunda crise econômica passaram a ser abordadas por uma elite intelectual negra que se recusava a aceitar discursos de "tolerância".

Zé Luiz do Império Serrano, ex-presidente da velha guarda da escola de samba da qual adotou seu nome artístico, lembra que o lançamento de *Sorriso negro* foi um momento seminal para o Movimento Negro e o samba em geral. Ele chegou em uma época em que a repressão dos anos 1960 e 1970 estava arrefecendo.

> Foi um período fértil para o samba no Rio de Janeiro e para o pagode em São Paulo. No começo da década de 1980, grupos como Fundo de Quintal e cantores como Zeca Pagodinho, Ro-

berto Ribeiro, Clara Nunes e Beth Carvalho chegaram a públicos maiores. O álbum teve um impacto enorme porque Dona Ivone foi a primeira mulher negra a ocupar um lugar de destaque como compositora.

Os trabalhos seminais de Abdias do Nascimento e Edison Carneiro, publicados décadas antes, ganharam visibilidade entre os brasileiros;[1] Gilberto Freyre, Caio Prado Júnior e Florestan Fernandes passaram ao centro de um debate amplo sobre desigualdade racial histórica.[2] Empoderados, ativistas, artistas e intelectuais negros viram no retorno à democracia uma oportunidade para questionar o racismo estrutural. A ideia de que o Brasil era uma nação livre de preconceitos, propagada desde o século XIX, passou a ser descrita como "mito". A busca por ação afirmativa tornou-se parte do debate. Ainda que este livro se debruce sobre *Sorriso negro* e esteja longe de ser um estudo sobre o movimento negro no Brasil, ele posiciona o disco de Dona Ivone Lara como um símbolo do ativismo de gênero e raça que emergia no Brasil protodemocrático. Os autores citados acima foram fundamentais na formação da estrutura teórica

---

[1] Algumas obras de Abdias do Nascimento que contribuíram ativamente para o debate sobre raça no Brasil na época foram *O genocídio do negro brasileiro* e *O negro revoltado*. Edison Carneiro começou sua pesquisa sobre cultura afro-brasileira ainda antes. Para uma leitura mais aprofundada, ver Carneiro, Edison, *Candomblés da Bahia* e *Antologia do negro brasileiro*.
[2] Freyre, Gilberto. *Casa-grande & senzala*; *Sobrados e mucambos*; Prado Júnior, Caio. *Formação do Brasil contemporâneo*; Fernandes, Florestan. *A integração do negro na sociedade de classes*. Mais recentemente, uma polêmica sobre o papel da raça na construção do samba como símbolo nacional integrou os trabalhos de Marc Hertzman e Hermano Vianna. Ver Hertzman, Marc A. *Making Samba: A New History of Race and Music in Brazil*, e Vianna, Hermano. *O mistério do samba*.

com que esta obra conta para compreender o lançamento de *Sorriso negro*. Vale ressaltar, no entanto, que a análise da "racialização" da música de Dona Ivone Lara em conexão com essa nova consciência política no fim dos anos 1970 e começo dos anos 1980 também está relacionada ao trabalho de acadêmicos que acompanharam a mudança nos debates sobre raça no país nas décadas de 1970 e 1980.

Este livro se divide em três partes. Na primeira, trato de canções associadas ao questionamento da desigualdade de gênero no Brasil. Analiso "A sereia Guiomar", "Alguém me avisou", "De braços com a felicidade", "Meu fim de Carnaval não foi ruim" e "Nunca mais" não apenas de uma perspectiva musical, mas também do ponto de vista histórico, sob o contexto do fortalecimento do feminismo no fim dos anos 1970 no Brasil. Também discuto a presença de Maria Bethânia e Rosinha de Valença em *Sorriso negro*, a biografia de Dona Ivone Lara e a região da Serrinha, no Rio de Janeiro, onde ela despontou como compositora. A parte 2 evoca as parcerias e colaborações de Dona Ivone Lara com diversos músicos. Com "Os cinco bailes da história do Rio" e "Adeus de um poeta", abordo a parceria com Silas de Oliveira. "Me deixa ficar" é o ponto de partida para falar sobre Delcio Carvalho e "Unhas", sobre Hermínio Bello de Carvalho. Dona Ivone Lara compôs "Tendência" com Jorge Aragão, uma figura de destaque nos primeiros anos da ascensão do pagode. Discuto também o surgimento desse movimento durante a ditadura no Brasil, bem como a Bossa Nova e o Black Rio. A capa do álbum é explicada por seu criador, Elifas Andreato, que a considera um trabalho político. A parte final trata da importância do debate sobre raça em *Sorriso negro*, com a faixa-título e "Axé de langa". Trato do dueto com Jorge Ben Jor em "Sorriso negro", a importância dele para uma nova perspectiva na música afro-brasileira, as inspirações por trás das duas faixas e sua influência no movimento negro brasileiro.

Dona Ivone Lara nunca foi uma ativista por mudanças sociais e políticas, no sentido estrito do termo.[3] Ela não atuava direta e abertamente com um discurso de promoção de igualdade de raça e gênero, raramente participava de manifestações e nunca se identificava como politicamente engajada. Enquanto o movimento Black Power ganhava força mundo afora nas décadas de 1960 e 1970, Dona Ivone Lara abraçou a ideia de resistir à chegada da soul music, alegando que o samba era a verdadeira representação da identidade brasileira. Ela cantou com Clementina de Jesus — só reconhecida tardiamente pelo grande público, apesar de ser outro ícone do samba — e Candeia em uma interpretação hoje clássica de "Sou mais o samba", cuja letra diz "Eu não sou africano nem norte-americano […] Sou mais o samba brasileiro".[4]

Ainda que diversos músicos e compositores de samba se recusassem a discutir a discriminação durante a ditadura, fazendo ecoar a narrativa da harmonia racial do regime, *Sorriso negro* reflete algo diferente: um momento de abertura e coragem. É provável que Dona Ivone Lara tenha decidido que o nome do álbum seria esse por se tratar de um chamado à igualdade de oportunidades. Curiosamente, a faixa-título é uma das duas únicas no álbum que Dona Ivone Lara não compôs. A ou-

---

[3] A discussão do ativismo nas artes é bastante prolífica e continua a inspirar acadêmicos. Para mais informações sobre esse debate, ver Bobel, Chris. "'I'm not an activist, though I've done a lot of it': Doing Activism, Being Activist and the 'Perfect Standard' in a Contemporary Movement", pp. 147-59, e Frostig, Karen. "Arts Activism: Praxis in Social Justice, Critical Discourse, and Radical Modes of Engagement", nº 2, 2011, pp. 50-6.
[4] Candeia, "Sou mais o samba", in: *Quatro grandes do samba*.

tra é "Adeus de um poeta", uma homenagem a Silas de Oliveira, seu falecido parceiro. Apesar de valorizar mais seu trabalho como compositora do que sua carreira de cantora, ela escolheu uma canção de outra pessoa como título por sintetizar a mensagem que o álbum transmitia. A capa é uma declaração de orgulho negro: um retrato em close de Dona Ivone Lara, a pele escura, os ombros nus, os lábios vermelhos destacados pelo trabalho de Elifas Andreato. Ela usa três colares de contas, ou guias, um lembrete da cultura africana no Brasil.

Há, também, muitas mensagens de empoderamento feminino. "A sereia Guiomar", primeira canção do álbum, muitas vezes é interpretada como uma composição sobre a força da mulher, e "Alguém me avisou" em geral é entendida como uma ode às estratégias necessárias para obter respeito em ambientes predominantemente masculinos. Rosinha de Valença, renomada violonista e compositora e amiga próxima de Dona Ivone Lara, foi a responsável pelos arranjos do álbum.

A cantora e historiadora brasileira Juliana Ribeiro considera a estratégia de Dona Ivone Lara uma das formas mais potentes de ativismo. Ela afirma que o empoderamento promovido pela compositora nas mulheres negras não vem de atos, mas de posicionamento e trajetória.

> No caso de Clementina de Jesus, estamos falando de uma mulher negra que trabalhou como empregada doméstica a vida toda e, quando idosa, decidiu subir no palco e cantar músicas relacionadas à sua própria experiência. Dona Ivone Lara consegue fazer o mesmo por um período mais longo e como parte do cenário musical *mainstream* no Brasil. Ela se apresentou como uma artista diretamente ligada à indústria musical, o que eu não vejo como

um problema em si, mas como uma oportunidade de se tornar conhecida por mais tempo.

O fato de Dona Ivone ter sido uma mulher negra, compondo e cantando canções sobre raça e gênero, torna as faixas de *Sorriso negro* um poderoso ato de resistência. "Cada um tem uma maneira de fazer as coisas, mas não há como negar que ela foi uma pioneira. Apresentar suas canções, compor um samba-enredo numa época em que as mulheres não tinham nenhum espaço no universo do samba são formas de engajamento", afirma a cantora e compositora Nilze Carvalho.

Não se pode considerar o álbum, todavia, um exemplo típico de ativismo. Ele é uma materialização do que chamo de *resistência pela existência*. Faço uso da definição de Michel Foucault de resistência — não como antagonismo ou agitação, mas como uma oposição mais ampla ao poder — incorporando, assim, diversas possibilidades de ação política.[5] Também tomo emprestado o conceito de James C. Scott de transcrições ocultas, um código secreto que grupos sub-representados criam para criticar e questionar os poderosos de maneira velada.[6] *Resistência pela existência* não é meramente um

---

[5] Foucault afirma que: "resistências, no plural, que são casos únicos: possíveis, necessárias, improváveis, espontâneas, selvagens, solitárias, planejadas, arrastadas, violentas, irreconciliáveis, prontas ao compromisso, interessadas ou fadadas ao sacrifício; por definição, não podem existir a não ser no campo estratégico das relações de poder. Mas isso não quer dizer que sejam apenas subproduto das mesmas, sua marca em negativo, formando, por oposição à dominação essencial, um reverso inteiramente passivo, fadado à infinita derrota". Ver Foucault, Michel. *História da sexualidade 1: A vontade de saber*.

[6] Scott, James, C. *Domination and the Arts of Resistance: Hidden Transcripts*.

ato de oposição, mas a combinação de uma existência altamente consciente com um impacto substancial em relações de poder, reformulando a compreensão intersubjetiva e transformando a sociedade. Dona Ivone Lara desenvolveu uma estratégia própria para superar os desafios de uma mulher negra no Brasil do século XX, que serviu de exemplo para as gerações seguintes. Sua forte presença de palco, suas famosas contramelodias — que por vezes fazem lembrar alguns ritmos da África subsaariana — e sua biografia incorporam, de várias formas, a resiliência das mulheres negras brasileiras diante de desafios múltiplos e intensos.

Conversei com Dona Ivone Lara várias vezes, em diversas ocasiões, para escrever o meu livro anterior, que analisou sua carreira inovadora. Um tema que perpassou todos esses encontros foi uma narrativa de intenção. "Eu fiz porque quis", afirmava ela a respeito de suas escolhas profissionais, sua família e muitos outros aspectos de sua vida. Suas decisões individuais e independentes, dissonantes da sociedade e dos tempos em que ela cresceu e construiu sua carreira, faziam parte de uma negociação, uma estratégia para alcançar um objetivo maior. Um exemplo é que Dona Ivone Lara tardou a revelar publicamente que era a compositora das suas canções. Em vez disso, ela deixou seu primo Mestre Fuleiro, que era integrante da escola de samba Império Serrano, apresentar as músicas como se ele as tivesse escrito. Dona Ivone dizia que, em vez de se revoltar com tal medida, ela se sentia feliz por ver que o seu trabalho era reconhecidamente bom. O compositor e pianista Leandro Braga afirma que "o samba cresce dentro de uma cultura de sobrevivência, o que muitas vezes inclui, até hoje, subserviência". Desde cedo, Dona Ivone Lara demonstrou um alto grau de *attention à la vie*, a partir do qual desenvolveu uma forma própria de ativismo, sem que houvesse engajamento político.[7]

Hermínio Bello de Carvalho, cocompositor de "Unhas", a quarta faixa de *Sorriso negro*, defende que não há como analisar o álbum sem pensar em suas conotações políticas. Ele afirma ser um ato de ativismo a presença na grande mídia de alguém que é "marginalizado no processo" de democratização, que não pertence à suposta realidade de sucesso mostrada pelos filmes e pela televisão brasileira da época. "Clementina de Jesus, Jovelina Pérola Negra e Dona Ivone Lara estão, ainda que indiretamente, fazendo uma manifestação política quando sobem ao palco, cantam e oferecem sua essência para o público." A cantora Mart'nália vai além e afirma que as canções e a vida de Dona Ivone Lara foram uma forma de incluir as mulheres negras na narrativa nacional.

> A maneira como ela dança, sua postura, o fato de ser uma mulher em um mundo masculino, tudo isso abriu a possibilidade de que as mulheres fizessem parte do universo do samba — não só cozinhando ou como backing vocals, *cabrochas*, sempre auxiliando. Ela deixou claro que a mesma mulher que serve é a que escreve canções, melodias e dá força não só para outras mulheres, mas para todo o ambiente do samba.

O radialista Adelzon Alves produziu os dois primeiros álbuns solo de Dona Ivone Lara e as compilações anteriores de que ela participou. Dona Ivone Lara canta "Tiê" e "Agradoço

---

[7] Uso o conceito de Henri Bergson de *attention à la vie*. Para mais informações, ver Bergson, Henri. *Matter and Memory*, e Lapoujade, David. "The Normal and the Pathological in Bergson", pp. 1146-55.

a Deus" em *Quem samba fica? Fica! Volume 2*, lançado em 1974. Nesse disco, Alves a apresenta como uma pioneira e reconhece, em um tom um tanto condescendente, que era revolucionário tê-la naquele grupo: "Ivone Lara, além de ser uma excelente mãe, dona de casa, enfermeira e assistente social, é grande compositora, toca cavaquinho pra malandro nenhum botar defeito, pertence à ala das baianas do Império Serrano." Ele também descreve a imagem de capa do álbum, em que Dona Ivone Lara está tocando numa roda de samba no Castelo Branco, "um clube só de homens, na avenida Edgard Romero, perto da Serrinha, que, para ela, seu cavaquinho e suas melodias, sempre abre uma exceção [além de suas portas]".

Nascida em Botafogo e criada na Zona Norte do Rio de Janeiro, Dona Ivone Lara transitou entre vários universos durante seu quase um século de vida. Consta em seus documentos que nasceu Yvonne, com "y" e dois "n", em 13 de abril de 1922. O samba estava na família. Sua mãe, Emerentina da Silva, era cantora nos ranchos, tradicionais grupos carnavalescos que desfilavam pelas ruas do Rio de Janeiro no começo do século XX. Seu pai, João Lara, tocava violão de sete cordas nas mesmas agremiações. Os dois se conheceram e se apaixonaram durante um desfile de Carnaval. A tragédia marcou a infância de Dona Ivone Lara. João Lara foi atingido por um carro e morreu quando ela estava com 2 anos. Sua mãe se casou novamente, um ano depois, com Venino José da Silva, que Dona Ivone considerava ser um "homem muito bom". Ele cuidou das duas filhas de Emerentina, Yvonne e Elza, e os dois tiveram mais três filhos juntos. Emerentina faleceu quando Dona Ivone era adolescente. Na época, a menina vivia no internato Escola Municipal Orsina da Fonseca. Entre seus professores estavam Lucília Villa-Lobos, esposa do compositor Heitor Villa-Lobos, e

Zaíra de Oliveira, uma famosa cantora negra que tinha ganhado o concurso da Escola de Música do Rio de Janeiro em 1921. Com elas, Dona Ivone Lara aprendeu música, desenvolveu um talento para composição e foi apresentada a alguns dos desafios que ser mulher impunha às compositoras.

Além das professoras e do primo, Mestre Fuleiro, outras pessoas foram fundamentais no desenvolvimento musical de Dona Ivone Lara. Aos 26 anos, ela se casou com Oscar Costa, filho de Alfredo Costa, fundador da escola de samba Prazer da Serrinha. Foi Oscar quem convidou o compositor e sambista Silas de Oliveira, seu amigo, para se juntar à escola. Em 1965, Dona Ivone Lara assinou com Oliveira e Bacalhau a composição "Os cinco bailes da história do Rio", o primeiro samba-enredo oficial escrito por uma mulher. Ela também se tornou a primeira mulher a integrar uma ala dos compositores. Uma versão belíssima e mais lenta da canção aparece em *Sorriso negro* e soa como uma resistência às mudanças pelas quais os sambas-enredo haviam passado durante a década de 1970.[8] Pretinho da Serrinha tocou com Dona Ivone Lara

---

[8] O I Congresso Nacional do Samba, em 1962, definiu que o samba "caracteriza-se pelo emprego da síncope. Preservar as características tradicionais do samba significa, portanto, em resumo, valorizar a síncope". Nos anos 1970, quando os sambas-enredo começaram a ser compilados em disco anualmente, as canções se tornaram disponíveis para públicos mais amplos, além daqueles que participavam dos ensaios e das festas das escolas de samba. Em vez de pequenos eventos nos quais a comunidade do samba dançava em apoio à escola, os desfiles de Carnaval tinham cada vez mais participantes. Nessas ocasiões a escola tem um limite de tempo para cruzar a avenida. Se excedido, ela perde pontos. Apesar de haver mais gente para desfilar, o mesmo período para a travessia foi mantido. A solução foi acelerar o tempo do samba para garantir que todos conseguissem desfilar dentro do tempo

diversas vezes, desde o início da sua carreira. Hoje, ele é um dos compositores e músicos mais celebrados da nova geração de sambistas do Império Serrano. Ele conta que a compositora nunca teve o ímpeto de se posicionar politicamente, mas seu sucesso durante uma época em que mulheres enfrentavam muitas limitações abriu uma série de possibilidades para musicistas mais jovens: "Ela foi uma líder, uma pioneira. Foi a primeira mulher a compor um samba-enredo. 'Os cinco bailes da história do Rio' não foi o campeão daquele desfile de Carnaval. Perdeu, mas continua sendo muito mais conhecido do que o vencedor. Dona Ivone mudou tudo para nós. Veja o número de pessoas que a têm como referência central. A história do samba pode ser dividida em dois períodos: antes e depois de Dona Ivone Lara."

A gravadora Atlantic/WEA lançou *Sorriso negro* em 26 de fevereiro de 1981. No entanto, a verdadeira estreia do álbum aconteceu alguns meses depois, em um evento fechado no Teatro Ipanema. José Ramos Tinhorão, um dos pesquisadores mais prolíficos da música brasileira, escreveu uma resenha para o *Jornal do Brasil*. Ele afirmou que se tratava da confirmação da qualidade de Dona Ivone, "inclusive a de cultivadora de excelente linha melódica: D. Ivone [Lara] possui uma das mais sedutoras e quentes vozes negras da música popular brasileira".[9] A apresentação ao vivo, no entanto, gerou opiniões um pouco mais duras dos críticos. Não em relação à cantora, que foi descrita como uma excelente "compositora, intérprete de um repertório perfeito

---

definido. Para mais informações, ver Sandroni, Carlos. *Feitiço decente: Transformações do samba no Rio de Janeiro (1917-1933)*.

[9] Tinhorão, J.R. "D. Ivone Lara mostra em 'Sorriso negro' suas qualidades de cantora", *Jornal do Brasil*, Caderno B, 16 maio 1981.

em seu estilo, que não é apenas tradicional, mas vivo e intenso".[10] Eles se queixaram dos músicos. Helvius Vilela (piano), Jorginho Degos (baixo), Papão (bateria) e Helcio Milito (percussão) "insistem em apoiar o estilo tradicional da estrela com batidas e balanços ainda da Bossa Nova. Todos são ótimos, mas em conjunto dá pororoca", escreveram os jornalistas.[11] Em língua tupi, pororoca pode ser traduzida como "grande estrondo". Helvius Vilela era um celebrado músico de jazz e Bossa Nova, e Helcio Milito foi um dos membros do Tamba Trio, um emblemático grupo da Bossa Nova. Os três únicos músicos absolvidos da crítica foram Sereno do Cacique (tantã), Bira Presidente (pandeiro) e Ubirany (repique), cofundadores do Fundo de Quintal, um dos grupos de samba mais tradicionais do país.

A tensão entre a Bossa Nova e o samba, entre música tradicional e comercial, também estava no cerne do disco. A ausência de documentação a esse respeito dificulta que se determine exatamente quantas cópias foram vendidas e qual foi o público-alvo, mas no relatório de produtos completo da Warner Music o "gênero principal" apontado é o samba e o "gênero menor" é deixado em branco.[12] Não há referências aos músicos que participaram da gravação de *Sorriso negro*. O álbum foi o terceiro solo de Dona Ivone Lara e o primeiro a ser produzido pelo jornalista, produtor e pesquisador Sérgio Cabral. Ele trouxe um ritmo um pouco mais lento para canções já famosas e

---

[10] "Dona Ivone Lara supera equívocos", *Jornal do Brasil*, Caderno B, 5 maio 1981.
[11] Ibid.
[12] O crítico cultural Tárik de Souza escreveu, à época do lançamento do quarto álbum de Dona Ivone Lara, *Alegria minha gente* (WEA), que *Sorriso negro* tinha vendido apenas 5 mil cópias. "Uma cantora ainda oculta pela autora de sucesso", *Jornal do Brasil*, Caderno B, 30 ago. 1982, p. 2.

um estilo mais MPB, com Maria Bethânia e Jorge Ben Jor como convidados especiais — uma formação muito diferente de Mestre Alcides, Manaceia e outras figuras históricas do samba que estiveram presentes nos dois primeiros discos, produzidos por Adelzon Alves.

A cantora Zélia Duncan, que gravou diversas canções de Dona Ivone Lara e escreveu a legenda de suas fotos para o livro *Álbum de retratos*, define *Sorriso negro* como um divisor de águas. Enquanto alguns afirmam que Cabral deu um tom comercial ao álbum, ao passo que Alves mantinha as raízes tradicionais do samba, ela defende que o impacto final é o que importa. "Um álbum com faixas como 'A sereia Guiomar', 'Alguém me avisou' e 'Tendência' está destinado a se tornar um clássico." *Sorriso negro* fez mais do que simplesmente colocar Dona Ivone Lara em contato com públicos maiores. O álbum é um símbolo de seu talento, com canções que encontraram espaço no repertório canônico do samba. Com essa obra, ela se tornou amplamente reconhecida como uma figura central na cultura brasileira, apesar dos inúmeros desafios enfrentados quando se pisa "este chão devagarinho".

Sorriso negro tem 12 doze faixas, cinco delas compostas somente por Dona Ivone Lara, cinco em coautoria e duas de outros autores. O álbum também marca a solidificação da parceria de uma vida inteira que ela manteve com Delcio Carvalho, coautor de duas canções de *Sorriso negro* e de dezenas de outras na carreira de Dona Ivone Lara. Em geral, ela compunha a melodia e ele escrevia as letras. Dona Ivone o conheceu por intermédio de seu marido, Oscar. Ela definia essa aliança como "um apreço genuíno de um pelo outro. Nós sentávamos, conversávamos. Nunca aconteceu de eu não ter certeza de uma letra composta por ele ou achar que tinha ficado diferente do que eu esperava. Sempre amei as músicas dele".

Os encontros com Delcio Carvalho e outros colaboradores ocorriam apenas nos fins de semana e feriados. De segunda a sexta, ela trabalhava o dia todo como enfermeira e assistente social. Mesmo quando se apresentava para admiradores, a compositora costumava dizer: "Muito prazer. Sou Ivone Lara, assistente social." Na juventude, buscando estabilidade, ela se inscreveu na tradicional Escola de Enfermagem Alfredo Pinto, no Rio de Janeiro:

> Muitas pessoas no mundo do samba trabalhavam em hospitais. Trabalhei com várias delas. Por exemplo, a mãe do Paulinho da Viola, esposa do senhor Paulo Faria, que já era um músico respeitado, também era enfermeira. Ele era músico, mas ela contava com um emprego estável.

Trabalhando como assistente social, Dona Ivone Lara também testemunhou de perto momentos fundamentais da história brasileira. Ela foi auxiliar da dra. Nise da Silveira, uma pioneira no uso de música e arte para tratar pacientes com questões de saúde mental. Foi somente depois de se aposentar, aos 56 anos, que Dona Ivone sentiu que, por fim, poderia se dedicar exclusivamente à carreira musical. Ela lançou *Sorriso negro* durante esse período. A essa altura, o samba já não era um ritmo perseguido, mas um símbolo nacional, incorporado ao imaginário coletivo e apropriado pela ditadura como a mais brasileira das artes nacionais. Prelinho da Serrinha enxerga uma progressão do primeiro LP para *Sorriso negro*. *Samba, minha verdade, samba, minha raiz*, segundo ele, é um álbum mais tradicional, com qualidade de gravação e arranjos que possibilitam que se ouçam os ruídos e murmúrios dos instrumentos. *Sorriso de criança* tem uma sonoridade distinta e inclui instrumentos de sopro, que não são típicos de uma roda de samba. *Sorriso negro* tem uma sonoridade mais limpa e envolve uma infinidade de instrumentos.

> A linha melódica sempre segue o estilo dela. É impossível ouvir uma canção composta por Dona Ivone Lara e não saber sua autoria. Há um romantismo, um lirismo... Ela também é um pouco clássica e toca o ouvinte bem fundo no coração. Se você ouvir com os olhos fechados, com certeza vai chorar.

Para o produtor musical e engenheiro de áudio Eber Pinheiro, *Sorriso negro* pertence a uma seleta lista de álbuns de vanguarda que nunca vão envelhecer. "Não há nada que indique se tratar de um disco dos anos 1980. Quando você escuta *Sorriso negro*, a sensação é a de que poderia ter sido gravado em qualquer época. Mas só no Brasil." O compositor e pianista Leandro Braga, que transcreveu 13 das composições de Dona Ivone Lara para o livro de partituras *Primeira dama*, afirma que está tudo no lirismo. "É isso que caracteriza as melodias de Dona Ivone Lara. Muitas notas longas e saltos repentinos que criam um contraste perfeito enquanto também complementam a base rítmica. Eu já ouvi comparações com uma experiência de canto orfeônico, de coral, mas não posso confirmar isso. Acho que se pode quase chamá-lo de 'samba de mãe'."

O talento e a originalidade da compositora foram reconhecidos no fim de sua vida, depois que se aposentou de seu emprego como assistente social. Foi quando ela saiu em turnê pela Europa, pela África e pelas Américas. Em 2002, Dona Ivone Lara recebeu o Prêmio Caras de Música na categoria Melhor

Álbum de Samba com *Nasci para sonhar e cantar*. Em 2010, ela foi homenageada no Prêmio da Música Brasileira. Dois anos depois, no que considerou uma das maiores honras de sua carreira, a vida de Dona Ivone Lara foi tema do Império Serrano no desfile de Carnaval. Em maio de 2015, o Itáu Cultural, em São Paulo, organizou uma exposição de arte dedicada a ela. Enquanto eu escrevia este livro, ela fez diversos shows, não com o vigor dos primeiros anos, mas sentada em uma cadeira. Ainda assim, cantou com paixão cada uma de suas fabulosas melodias — sempre com sua combinação típica de poder e ternura. Ela morreu em 16 de abril de 2018, de falência cardiorrespiratória, aos 96 anos.[13] Deixou não apenas um incontestável legado musical, mas também um legado de luta por igualdade que continua inspirando gerações no Brasil.

---

[13] O jornalista Lucas Nobile afirma que, quando morreu, Dona Ivone Lara na verdade tinha 97 anos. Ele alega que os documentos dela foram alterados pela família para que ela fosse matriculada na escola. Ver Nobile, Lucas. *Dona Ivone Lara. A primeira-dama do samba*.

PARTE 1

As mulheres e o samba

Se a arte é um espelho da sociedade, podemos nos basear nos papéis desempenhados pelas mulheres no mundo do samba para concluir que muita coisa mudou no Brasil, mas ainda há um longo caminho pela frente. Desde o nascimento do ritmo, passando por sua evolução até se transformar em símbolo nacional, a vasta maioria dos compositores e instrumentistas de samba é composta por homens. Um deles, Moacyr Luz, certa vez arriscou uma explicação. Ele disse que "mulher não faz samba porque não vai a botequim". Em outras palavras, homens compõem canções tomando cerveja e comendo petiscos, e a sociedade brasileira simplesmente não autorizava — e ainda resiste a permitir — que as mulheres fizessem parte desse ambiente. Elas podem ser cantoras, musas ou ambas, mas criar melodias e escrever letras seguem sendo atividades reservadas majoritariamente aos homens. Carmen Miranda, Elis Regina, Aracy de Almeida, Clara Nunes, Linda Batista, Clementina de Jesus, Beth Carvalho, Alcione e muitas outras grandes estrelas da música brasileira incluíram o samba em seus repertórios. Poucas, no entanto, deram voz a suas próprias composições.

Outro papel convencional para as mulheres no samba é o de tia.[14] Uma tia não é nem musa nem cantora, mas uma espécie de conselheira. Hilária Batista de Almeida — mais conhecida como Tia Ciata — foi a mais famosa delas. Ela era uma cozinheira baiana que se mudara para a região da praça Onze, no Rio de Janeiro, na década de 1870.[15] O jornalista João do Rio, que narrou o cotidiano em regiões pobres do Rio de Janeiro no começo do século XX, descreveu Tia Ciata como "uma negra baixa, fula e presunçosa".[16] Ele se referia a ela com temor e desprezo: "Dizem os da sua roda que pôs doida na Tijuca uma senhora distinta, dando-lhe misturas para certa moléstia do útero."[17]

A área da praça Onze era celebrada como "Pequena África", e Ciata fazia esforços diários para manter a região digna do nome. Ela organizava eventos como rituais religiosos e festas em que grupos de músicos se reuniam para experimentar, improvisar e provar pratos africanos. Artistas e compositores vinham de longe para apresentar suas criações mais recentes. A casa de Tia Ciata se tornou a meca da cultura africana na cidade que à época era a capital do Brasil e hoje é considerada o berço do samba. "Pelo telefone", apontada como a primeira canção do gênero, foi composta ali em 1916. Outras figuras de

---

[14] Velloso, Mônica. "As tias baianas tomam conta do pedaço... Espaço e identidade cultural no Rio de Janeiro", pp. 207-28; Gomes, Rodrigo Cantos Savello. "Samba no feminino: transformações das relações de gênero no samba carioca nas três primeiras décadas do século XX".

[15] Moura, Roberto. *Tia Ciata e a pequena África no Rio de Janeiro*, p. 93. Muniz Sodré compara a praça Onze à Congo Square, em Nova Orleans, uma área onde diferentes povos, referências e interseções se encontram e criam um espaço único. Ver Sodré, Muniz. *Samba, O dono do corpo*.

[16] Rio, João do. *As religiões no Rio*, p. 15.

[17] Ibid.

prestígio viveram na região ao longo das primeiras décadas do século XX, mas Ciata é quem é lembrada hoje como madrinha do samba. Lira Neto afirma:

> Assim como muitas mulheres negras tratadas reverencialmente como "tias" pela comunidade — Tia Bebiana, Tia Celeste, Tia Dadá, Tia Davina, Tia Gracinda, Tia Mônica, Tia Perpétua, Tia Perciliana, Tia Sadata e Tia Veridiana —, Ciata desempenhava uma liderança comunitária e um protagonismo indiscutível no cotidiano dos moradores de toda a região da Saúde, Cidade Nova e Gamboa.[18]

Até hoje, as escolas de samba homenageiam Tia Ciata todos os anos com a ala das baianas, que é obrigatória nos desfiles do Rio de Janeiro. Dona Ivone Lara fazia parte dessa ala desde muito jovem. No show de lançamento de *Sorriso negro*, ela usou um belo e pesado vestido, típico de uma baiana. Os críticos reconheceram o poder dessa tradição e afirmaram que houve um impacto quando ela subiu ao palco. No entanto, reclamaram que a peça, "bela para desfile, atrapalha Dona Ivone no seu jongar".[19] Ainda há muitas tias nas escolas de samba hoje em dia. Elas costumam ser mulheres mais velhas que dedicaram anos de trabalho à escola e hoje gozam de influência, mas não necessariamente de autoridade. O título honorário confere respeito, mas não poder de decisão real.

Era — e ainda é — na casa das tias que a comunidade do samba se reunia para rodas intermináveis. Assim como na

---

[18] Neto, Lira. *Uma história do samba: Volume 1 (As origens)*, p. 41.
[19] "Dona Ivone Lara supera equívocos", *Jornal do Brasil*, Caderno B, 5 maio 1981, p. 9.

época da Tia Ciata, durante os anos em que Dona Ivone Lara esteve ativa, compositores continuavam usando essas ocasiões para apresentar novas canções ou até mesmo escrever músicas *in situ* que mais tarde se tornariam sucesso no mundo do samba. O cheiro de feijoada, a cerveja gelada e as mesas simples ao redor do quintal eram o cenário perfeito para redes poderosas de socialização.[20] No Brasil pós-escravidão, a dinâmica da tradicional família burguesa não se aplicava à maioria das famílias africanas e afro-brasileiras. As mulheres não apenas eram responsáveis pela criação dos filhos e pelo trabalho doméstico, mas também precisavam de empregos remunerados, frequentemente em atividades informais. Tia Ciata foi uma de muitas mulheres da Bahia que levaram para o Rio de Janeiro a tradição de formar grupos organizados de trabalhadores informais, como vendedores de alimentos, costureiros e faxineiros. Mônica Pimenta Velloso explica que essa experiência "influenciou a própria personalidade dessas mulheres, interferindo na sua maneira de pensar, sentir e de se integrar à realidade. Contrastando com as mulheres de outros segmentos sociais, elas se comportavam de forma desinibida e tinham um linguajar mais solto e maior liberdade de locomoção e iniciativa".[21]

---

[20] No cerne do poder que as tias exercem está a escravidão. A incorporação de mulheres negras por famílias brancas promoveu a fragmentação da família negra. Mônica Pimenta Velloso explica que "os interesses dos senhores predominavam, e eles estavam mais preocupados em garantir a reprodução de sua força de trabalho. Na época da escravidão, a legislação sempre enfatizava a unidade 'mãe e filho' e estava mais preocupada com a separação das crianças da mãe do que do pai ou com a separação entre os próprios cônjuges. Nesse contexto, a mãe acabava sendo responsável pelos filhos, uma vez que o pai estava sempre em trânsito". Ver Velloso, Mônica Pimenta. Op. cit., pp. 207-28.

[21] Ibid., p. 11.

As tias eram anfitriãs e chefes de suas casas. Elas eram as governantes do local onde os sambas eram criados, os músicos se encontravam e decisões sobre o futuro das escolas de samba eram tomadas. As mulheres, portanto, são uma parte crucial da história do ritmo desde os primórdios, mas costumeiramente como organizadoras da comunidade, intérpretes ou apenas como inspiração para os compositores. Dona Ivone Lara, no entanto, não era uma tia, uma cantora ou uma musa. Ela escrevia músicas e dava voz a elas. A dificuldade em dar-lhe um título demonstra como o ambiente do samba é particularmente masculino e machista. Dona Ivone Lara ficou conhecida como a primeira-dama do samba, um título que contradiz por completo seu trabalho pioneiro e sua independência como compositora, uma vez que sugere a presença de uma figura masculina forte ao lado dela, "um chefe de Estado".

A sereia Guiomar

Metade mulher, metade peixe, as sereias são criaturas míticas que aparecem na cultura popular. Costumam ser vistas como seres traiçoeiros que podem seduzir e destruir. No folclore brasileiro, a mais famosa dessas poderosas criaturas é Iara, que significa "senhora das águas" em tupi. Iara tem outra característica que, de alguma forma, é indicativa das expectativas do ambiente do samba para mulheres: ela canta. Sua voz irresistível atrai homens para o fundo do rio, levando-os para uma morte certeira. Os poucos que conseguem sobreviver à sua aproximação acabam loucos, perturbados por seus encantos. A decisão de Dona Ivone Lara de abrir o álbum com "A sereia Guiomar" está profundamente relacionada à sua admiração por Maria

Bethânia. As duas se tornaram grandes amigas em 1978, quando Bethânia gravou com Gal Costa a música "Sonho meu", de Dona Ivone. A faixa se tornou um sucesso e ajudou *Álibi*, o disco de Bethânia, a vender mais de 1 milhão de cópias, um feito inédito para uma mulher no país. Ela também transformou Dona Ivone Lara em uma celebridade para além do mundo do samba.

Tudo começou com uma amiga em comum, a violonista e compositora Rosinha de Valença, que apresentou Maria Bethânia à música "Sonho meu". Alguns anos depois, a amizade renderia mais frutos. Rosinha de Valença fez os arranjos para a maioria das faixas de *Sorriso negro* e foi a maestrina de muitas delas. Sua influência pode ser ouvida ao longo do álbum. Nascida na cidade de Valença, no estado do Rio de Janeiro, a violonista era um prodígio. Estava com 12 anos quando começou a tocar em eventos locais. Dez anos depois, se mudou para a cidade do Rio de Janeiro e logo se tornou uma presença constante no famoso beco das Garrafas, uma área cheia de casas noturnas onde os músicos mais famosos do país tocavam. Ali, ela conheceu o produtor musical Aloysio de Oliveira, diretor da gravadora Elenco.

Oliveira ficou tão impressionado com o talento da jovem que não só a convidou para gravar seu primeiro álbum, *Apresentando Rosinha de Valença*, como também pediu a ela para produzi-lo. Era 1964, e a instrumentista se tornou respeitada em um ambiente dominado por homens. Ser mulher influenciava intensamente sua forma de tocar. Em uma entrevista em 1972, ela afirmou:

> Eu era uma mulher que precisava de sorte, porque era a única contra um número enorme de violonistas, um bando de homens que não estava a fim de me ceder um lugar. Precisava quase

arrancar as cordas do violão para que as pessoas compreendessem que eu sabia tocar. Quantas vezes fazia acordes fortíssimos para acordar as pessoas, para que calassem um pouco a boca e prestassem atenção: quando um artista toca ele tem que ser ouvido. Não importa que esteja de saia ou de cuecas.[22]

Rosinha de Valença e Dona Ivone Lara enfrentaram desafios semelhantes e se conectaram de imediato. *Sorriso negro* mostra que elas também se comunicavam musicalmente.

O compositor, saxofonista, flautista, produtor e arranjador Zé Luis Oliveira foi muito ativo no começo dos anos 1980, tendo gravado e tocado com Caetano Veloso, Gilberto Gil, Gal Costa e Cazuza. Ele também atuou com Rosinha de Valença e acredita que seus arranjos e sua condução foram fundamentais para estabelecer um fio narrativo em *Sorriso negro*. "Há instrumentos não muito típicos do samba daquela época, além dos padrões melódicos, *voicings* e harmonia, que são bastante sofisticados." "A sereia Guiomar" começa com uma introdução instrumental que evoca a maresia. A atmosfera náutica é resultado de uma afetuosa conversa entre flautas, um balafom e um saxofone soprano. Assim como o diálogo entre Rosinha de Valença e Dona Ivone, trata-se de uma troca entre o samba tradicional e a música popular brasileira. "Ela também transporta a dualidade do 2/4 e do 6/8, que é um elemento muito africano", explica Oliveira.

Um conjunto de vozes femininas canta o refrão "A sereia Guiomar mora em alto-mar", com a voz de Maria Bethânia um pouco mais alta que as outras. Então Dona Ivone Lara canta

---

[22] Ver Barros, Teresa. "A corda forte de Rosinha de Valença", *Jornal do Brasil*, Caderno B, 11 jan. 1972, p. 4.

sozinha "Como é bonito, meu Deus", e o coro completa o verso "a lenda desta sereia". Trata-se de um flerte com o samba de roda da Bahia e com o partido-alto, em que o vocalista principal convida o público para cantar junto, em uma dinâmica de chamado e resposta. Nesse dueto, Maria Bethânia e Dona Ivone Lara se alternam nos vocais. O surdo mantém o padrão de partido-alto ao longo da canção, enquanto a flauta e o saxofone soprano se revezam fazendo contraponto com os vocais, flertando com os ritmos brasileiros do choro e da gafieira.

O ritmo mais básico do samba tem dois tempos, com duas batidas em cada um, formando uma estrutura 2/4. O que confere seu balanço único é a síncope, com a batida forte suspensa e a fraca acentuada. A autora Barbara Browning descreveu tal característica como o corpo dizendo o que não pode ser dito: "Essa suspensão deixa o corpo com uma fome que só pode ser satisfeita enchendo o silêncio com movimento. A dança do samba não pode existir sem a supressão de uma batida forte."[23] Para Muniz Sodré, o som prolongado da batida fraca sobre a forte que cria um ritmo sincopado é uma forma de resistência, uma maneira de fingir submissão ao sistema tonal europeu e, ao mesmo tempo, desestabilizá-lo ritmicamente.[24] Ele afirma que a síncope não é uma invenção brasileira e estava presente na música africana ritmicamente e na música portuguesa melodicamente. Em um argumento provocador, Sodré considera que no samba o ritmo é mais predominante em relação à melodia, o que também é uma forma de sugerir que sua herança africana é mais importante que a europeia.[25]

---

[23] Browning, Barbara. *Samba: Resistance in Motion*, pp. 9-10.
[24] Sodré, Muniz. *Samba, o dono do corpo*.
[25] Ibid.

Há quem considere o ritmo uma mistura do lundu africano com a modinha portuguesa. O encontro entre a África e a Europa fica aparente nas apresentações de Dona Ivone Lara. Ela era dona de uma dança única que se tornou sua marca registrada. Primeiro, ela levantava a saia longa, apenas o suficiente para mostrar os pés dando passos curtos, uma reminiscência dos pulos no jongo e nas giras de candomblé. O samba de roda segue uma pulsação parecida com o ritmo africano lundu, mas em um compasso mais lento. De fato, o estilo de dançar de Dona Ivone se parece com o lundu, em que o artista bate o pé no chão com força, acrescentando outra camada percussiva à canção.

Na performance de Dona Ivone Lara e Maria Bethânia de "A sereia Guiomar" os instrumentos de sopro na introdução indicam que a versão não é previsível. Os arranjos evocam os álbuns anteriores de Bethânia, em que diversas canções continham sopros. A exceção, então, eram as músicas compostas por Dona Ivone, em que os instrumentos de percussão do samba e o teclado elétrico prevalecem. Em *Álibi*, "Sonho meu" começa com o dedilhado de um violão, seguido por uma cuíca e as cordas de um cavaquinho. É o samba tradicional, conduzido pelo tamborim.

"A sereia Guiomar" mantém uma das principais características das parcerias de Dona Ivone Lara com o compositor Delcio Carvalho: a letra e a música se entrelaçam e se comunicam em um diálogo intenso e contínuo. Nesse caso, as palavras remetem ao oceano brasileiro, à Lua, aos pescadores e às lendas das sereias. É quase um convite para viajar à Bahia. Mas não é só isso. A narrativa também explica que a voz das sereias exerce "domínio" sobre os homens. A cantora Zélia Duncan, que gravou "A sereia Guiomar" em 1999 com Dona Ivone, chama a canção de um "samba feminino forte". Ela explica que é impossível separar o trabalho da compositora de suas conquistas pessoais.

Ela tem um papel único no mundo do samba e, portanto, no Brasil. Dona Ivone Lara desbravou o universo dos compositores de samba, dominado por homens, e seus contracantos são os mais famosos e os mais lindos já ouvidos. Dona Ivone Lara também é Dona Ivone Lara por ser uma pessoa negra e por trazer a majestade de sua cor ao seu canto e às suas atitudes. Apenas ela poderia se tornar quem se tornou, e sua existência trouxe força às mulheres negras brasileiras.

De braços com a felicidade

A paixão de Dona Ivone Lara por Salvador, a primeira capital brasileira e um dos principais portos do tráfico transatlântico de escravos, cresceu durante a filmagem do longa-metragem *A força de Xangô*, dirigido por Iberê Cavalcanti e lançado em 1977. No filme, Dona Ivone não apenas canta, mas tem um papel de destaque. Ela interpreta Zulmira de Iansã, esposa do personagem principal. Tonho Tiê (Geraldo Rosa) é um homem charmoso, mulherengo e "filho de Xangô", o que sugere que ele nunca ficará satisfeito com apenas uma mulher. Eles se conhecem no Carnaval e Tonho promete ser fiel para sempre. Os anos passam, eles envelhecem e Tonho volta a ser um conquistador. Então Zulmira faz um feitiço, um "trabalho para Iansã", a fim de se vingar do marido. Ambos os personagens estão profundamente enraizados nas tradições do candomblé.

Além do filme, outra parte fundamental da ligação de Dona Ivone Lara com a Bahia foi a amizade com Maria Bethânia.

Depois do sucesso de "Sonho meu" na voz de Bethânia e Gal Costa, Dona Ivone gravou uma versão insuperável da canção com Clementina de Jesus para o álbum *Clementina e convidados*. Em 1980, Dona Ivone Lara voltou a Salvador para se juntar a Clementina, a quem apelidou "mana", em um show no tradicional Teatro Vila Velha, que os baianos chamam afetuosamente de "Vila". O teatro ainda é visto como um símbolo da resistência à ditadura. A cantora Juliana Ribeiro, que se apresentou lá em um concerto apenas com canções do repertório de Clementina de Jesus, o considera uma instituição revolucionária. "Pessoas do país todo — do mundo todo — vêm se apresentar aqui por causa da história, por ser um teatro negro e um teatro de resistência." Ter Clementina de Jesus e Dona Ivone Lara juntas em um palco conhecido por questionar o regime autoritário foi um marco poderoso das mudanças que as mulheres negras estavam vivenciando naquele momento da história.

A paixão pela Bahia está presente não apenas em "A sereia Guiomar", mas também na segunda e na terceira faixas do álbum, das quais Dona Ivone compôs tanto a letra quanto a música: "De braços com a felicidade" — em que ela afirma que voltou ao Rio de Janeiro "Pra ver se esqueça/ O amor que eu deixei lá na Bahia" — e "Alguém me avisou", em que o eu lírico é originalmente baiano.

"De braços com a felicidade" começa com uma improvisação que soa como uma continuação do "lalaiá" que encerra "A sereia Guiomar", mantendo a mesma atmosfera marítima, repleta de vitalidade. O violão de sete cordas, o surdo bastante destacado e o cavaquinho, no entanto, flertam com o clima do Rio de Janeiro. Esse entrelaçamento da Bahia com o samba tradicional carioca é um dos fios condutores do álbum. "Um exemplo é que o balafom e o bloco sonoro, instrumentos mais ligados à Bahia, com frequência substituem o agogô, que é um instrumento muito carioca", observa o músico Zé Luis Oliveira.[26]

Apesar dessas conexões instrumentais, "De braços com a felicidade" é um samba carioca do começo ao fim e suas estrofes mantêm uma estrutura de chamado e resposta. Todas as linhas de base são garantidas pelo violão de sete cordas, como de costume no choro e no samba tradicionais. A melodia se torna mais complexa, seguindo uma linha sinuosa que dialoga com os arranjos e a harmonia ousada. No final, a letra retoma a ideia de manter o encontro entre o Rio e a Bahia para sempre no coração de quem canta. Dona Ivone afirma que, de braços com a felicidade, quer convidar a saudade para ficar com ela no Rio. Enquanto repete a palavra Rio no *fade-out*, os trombones tocam linhas típicas dos pandeiros do Rio de Janeiro.

No contexto, a canção parece uma transição apropriada entre "A sereia Guiomar" e "Alguém me avisou", que formam a tríade baiana do álbum. O pianista Leandro Braga explica que a Bahia e a África estão nas raízes de qualquer samba. No entanto, o samba do Rio de Janeiro nunca existiu na África ou na Bahia. Enquanto as bases rítmicas e o sincopado vêm das canções de louvor ancestrais africanas, o samba da Bahia e o do Rio de Janeiro se manifestam de modo diferente. Ele afirma:

> "A sereia Guiomar" foi gravada em ritmo de ijexá, que faz parte do ritual do candomblé. A mistura de cultura negra da Bahia com o que os escravizados levaram diretamente para o Rio de Janeiro gerou o samba carioca. Portanto, dizer que o samba nasceu na Bahia só é verdade para o samba da Bahia. No entanto, dizer que

---

[26] A palavra "agogô" vem do iorubá e significa sino.

a música de Dona Ivone Lara não tem nada a ver com a Bahia também é incorreto.

Nessa faixa específica, a voz de Dona Ivone traz um tom mais límpido e imponente do que o revelado em álbuns anteriores. Em alguns momentos, a voz dela lembra a de sua amiga Elizeth Cardoso, ainda hoje considerada por muitos a melhor cantora brasileira de todos os tempos.[27] Para José Ramos Tinhorão, a gravação é um exemplo clássico das qualidades de Dona Ivone como cantora. De acordo com o crítico musical, ela criou uma divisão nítida do ritmo, com uma vocalização de alto nível, o que a posicionou entre duas cantoras bastante diferentes: Clementina de Jesus e Carmen Costa.[28] Dona Ivone Lara foi uma das "mais bem-sucedidas herdeiras de um estilo de interpretação negro-brasileira que tem, num extremo, o diamante bruto da voz de Clementina de Jesus e, no outro, o brilho de ônix dos puros concentrados graves da voz de Carmen Costa".[29]

---

[27] Em 1979, Elizeth Cardoso gravou "Unhas", quarta faixa de *Sorriso negro*, para o álbum *O inverno do meu tempo*. Elizeth foi a mentora de Francineth Germano, que em 1965 cantou a primeira faixa gravada de Dona Ivone, "Amor inesquecível".
[28] Carmen Costa (1920-2007) foi uma cantora e compositora nascida no estado do Rio de Janeiro. Ela se tornou amplamente conhecida na era de ouro do rádio brasileiro. O seu primeiro sucesso foi uma versão da canção mexicana "Cielito lindo" intitulada "Está chegando a hora". Em meados dos anos 1940, ela se casou com um norte-americano, Hans van Koehler, e se mudou para os Estados Unidos. Em 1962, ela se apresentou no famoso concerto da Bossa Nova no Carnegie Hall, em Nova York, com Tom Jobim, João Gilberto, Stan Getz, entre outros.
[29] *Jornal do Brasil*, Caderno B, 16 maio 1981.

Alguém me avisou

O reconhecimento de Dona Ivone Lara como cantora, no entanto, só ocorreu depois de outras mulheres famosas oferecerem suas vozes às melodias dela. Após a versão de Maria Bethânia e Gal Costa de "Sonho meu", Bethânia gravou "Alguém me avisou", também de Dona Ivone, em *Talismã*, outro disco de sucesso que vendeu mais de 800 mil cópias. A canção, um samba tradicional, foi composta para Maria Bethânia. A versão de *Talismã* foi arranjada para instrumentos de corda e trouxe a voz de dois baianos famosos, Caetano Veloso, irmão de Bethânia, e seu grande amigo Gilberto Gil. Gravada apenas um ano após a abertura política, ganhou um significado simbólico. A letra fala de alguém que volta para casa cheio de histórias para contar, ecoando o exílio de Gil e Caetano em Londres de 1969 a 1971. Bethânia pôs "Sonho meu", "Alguém me avisou" e "A sereia Guiomar" no repertório de seus shows no começo da década de 1980. Assim como "Sonho meu", que Dona Ivone Lara incluiu no álbum *Sorriso de criança*, de 1979, ela escolheu "Alguém me avisou" para *Sorriso negro* depois do sucesso nas vozes de Bethânia, Caetano e Gil.

Dona Ivone ofereceu uma versão mais tradicional, em que o cavaquinho rouba a cena, a cuíca chora ao fundo e as vozes femininas entoam o refrão. Na última repetição, é possível ouvir palmas semelhantes às de uma roda de samba. A canção está permeada da marca registrada de Dona Ivone Lara, os lindos e surpreendentes contracantos. A melodia, no entanto, não é tão complexa quanto a maior parte de suas obras. A cantora Nilze Carvalho costuma abrir seus shows com a música, que ela considera a melhor maneira de se apresentar. "É uma melodia muito simples, e não uma daquelas mais sofisticadas que ela sempre compôs. E talvez seja intencional. Também noto isso na última faixa do álbum, 'Axé de Ianga'."

Coincidentemente ou não, essas são as duas canções que têm uma relação mais próxima com a herança africana, e ambas foram compostas apenas por Dona Ivone Lara. Pretinho da Serrinha, cujo sobrenome artístico homenageia o bairro onde Dona Ivone foi criada, brinca que a melodia só parece simples porque todos os brasileiros a conhecem de cor, "mas se ousar escrever algo parecido, você vai ver". Para Mart'nália, a canção é um chamado. Ela afirma que, apesar de a letra falar da Bahia e a música inteira parecer uma homenagem ao estado nordestino, o ritmo não é um samba de roda, mas, sim, um samba com um pouco da Bahia e muito do Rio de Janeiro, incluindo samba de terreiro e partido-alto.

Apesar de ter sido composta para Maria Bethânia, as palavras parecem autobiográficas. Dona Ivone afirma que "alguém me avisou para pisar nesse chão devagarinho", o que pode ser interpretado como uma referência a quando ela entrou para o mundo do samba. Equilibrando os papéis esperados de uma mulher na sociedade brasileira, seu trabalho como assistente social e sua carreira como compositora, ela navegou essas esferas, aprendendo a separá-las desde muito jovem. Pretinho da Serrinha conta que fez um acordo com Dona Ivone: ele abriria os próprios shows com "Alguém me avisou" para o resto da vida. Por se identificar com a compositora, Pretinho da Serrinha acredita que a letra dessa composição diz um pouco sobre a trajetória dele, também.

> Ela canta "quando eu voltar à Bahia terei muito o que contar" e eu canto "quando eu voltar pra Serrinha", porque hoje moro em outro bairro do Rio de Janeiro. Mas ela traz a sensação do começo, do ponto de partida.

O começo, para Dona Ivone, foi repleto de canções. Sua mãe trabalhava como costureira, mas flertava com a música nas horas vagas. "Ela tinha uma voz muito bonita, mas nunca pôde se dedicar totalmente à música porque precisava ganhar dinheiro." Seu pai, José da Silva Lara, tocava violão de sete cordas e, no Carnaval, desfilava no Bloco dos Africanos, no Ameno Resedá, no Flor de Abacate e em outros grupos que brincavam nas ruas do Rio de Janeiro. No começo do século XX, os ranchos eram a principal expressão do Carnaval carioca. Eram "agrupamentos de foliões, com instrumentos de corda e sopro, cantando a marcha-rancho em uníssono", com versos que fazem alusão ao grupo".[30] Diferentemente das escolas de samba, os ranchos usavam diversos instrumentos de sopro e formavam grupos de músicos que pareciam pequenas orquestras, incluindo aqueles em que brasileiros renomados como Pixinguinha e Irineu de Almeida (Irineu Batina) tocavam.

Durante parte da infância e da adolescência, Dona Ivone passava todas as semanas no internato da Escola Municipal Orsina da Fonseca. De lá saía apenas a cada dois fins de semana para visitar a família. Cerca de trezentas alunas estudavam nessa escola exclusivamente feminina. Os chamados "orientadores pedagógicos" — professores e diretores — monitoravam a rotina das estudantes de perto, garantindo que, quando as aulas acabassem, elas tivessem atividades suficientes para manter mentes e corpos ocupados. O colégio oferecia disciplinas como modelagem, desenho, pintura, gravura, litografia, fotografia, escrituração mercantil, datilografia, estenografia, tipografia — brochura e encadernação —, telegrafia, costura e bordado. O professor Aprígio Gonzaga, que ajudou a desenvolver o currículo, explicava

---

[30] Cascudo, Luís da Câmara. *Dicionário do Folclore Brasileiro*.

que a instituição precisava lidar com dois tipos de mulheres: as casadas e as solteiras. Para fazer isso, deveria dedicar-se a moldar as estudantes que podiam ser boas mães, esposas e, se necessário, trabalhadoras, ao lado de seus homens.

Entre as atividades extracurriculares estavam educação física e música. As favoritas de Dona Ivone eram o vôlei e a teoria musical, considerada naquela escola uma disciplina de prestígio. O Orsina da Fonseca tinha um famoso coral. As garotas selecionadas para participar não apenas eram respeitadas pelas demais, mas também ganhavam a oportunidade de participar de concertos dentro e fora do internato, em festas e em eventos na cidade. "Em casa, sempre ouvimos muito rádio, e eu me lembro de canções de Noel Rosa e de outros compositores da época. Mas acho que o gosto pela música, de verdade, começou bem ali no internato", recordava Dona Ivone. Ela era uma das melhores vozes do coral. Seu maior orgulho era ser aluna de Lucília Villa-Lobos. A *maestra* era casada com o compositor Heitor Villa-Lobos, que costumava ir às apresentações para ouvir obras clássicas, incluindo algumas de sua autoria.

A inspiração também veio de outra professora do Orsina da Fonseca. Zaíra de Oliveira era um soprano de formação clássica e fez parte do Coral Brasileiro, do qual a lendária cantora brasileira de ópera Bidú Sayão foi uma das integrantes. Considerada uma das maiores cantoras da história do país, Oliveira esteve mais ativa durante a era dos discos de 78 rotações, de 1924 a 1931, quando gravou um total de 25 canções.[31] Suas experiências, no entanto, deram a Dona Ivone alguma ideia dos

---

[31] "Zaíra de Oliveira". *Dicionário Cravo Albin da Música Popular Brasileira*. Disponível em: <http://dicionariompb.com.br/zaira-de-oliveira>. Acesso em 27 fev. 2020.

desafios que enfrentaria como mulher negra no meio musical. Em 1921, Zaíra venceu a competição da Escola Nacional de Música, a instituição de ensino mais prestigiosa do Rio de Janeiro na época. Contudo, seu gênero e sua raça a impediram de usufruir o prêmio — uma viagem à Europa. Em 1932, Zaíra de Oliveira se casou com Donga, autor de "Pelo telefone", considerado o primeiro samba gravado.

As canções de Dona Ivone Lara realizam um amálgama dos universos musicais a que ela foi exposta na escola e na casa do tio. Elas materializam o encontro entre o samba e a música clássica. Mart'nália destaca a natureza delicada e a complexidade de suas melodias,

> que contêm um tipo de violino pairando sobre elas, como se construindo uma segunda melodia, outra música dentro da música. Mesmo não estando lá, é possível ouvir uma orquestra completa de violinos, com um instrumento principal, um solo. Tem uma elegância que nos faz prestar mais atenção e nos perguntar quais são suas intenções.

Pretinho da Serrinha concorda e acrescenta que é possível criar outra canção a partir de quase todas as composições de Dona Ivone Lara. Leandro Braga diz o mesmo sobre as introduções. "Elas têm um material sonoro tão rico, que pode gerar outras canções, como em 'Sonho meu'. Mesmo nas introduções, já é possível notar toda a riqueza da criatividade dela. Em resumo, todas as suas características podem ser vistas com facilidade nas primeiras notas, mesmo sem a letra." A produtora Bertha Nutels recorda que algumas canções de Dona Ivone de fato vieram de partes de outras. "Acreditar", por exemplo, uma de suas mais famosas criações, escrita com Delcio Carvalho, originou-se de um contraponto vocal de outra obra.

Samba caseiro

Gradualmente, por meio de sua dedicação ao estudo de teoria musical e sua atenção à construção de harmonias e arranjos do repertório do coral, Dona Ivone Lara cultivou o amor pela música. Mas foi nas visitas quinzenais à família que ela encontrou sua voz. Depois da morte da mãe, quando Dona Ivone era adolescente, ela começou a frequentar a casa do tio Dionísio, em Madureira. O bairro ainda é conhecido como "berço do samba" e abriga diversas organizações e escolas de samba. Dionísio tocava diversos instrumentos e em sua casa recebia as melhores rodas da cidade. Pixinguinha, Jacob do Bandolim e Heitor dos Prazeres são alguns dos maiores nomes da música brasileira que Dona Ivone recorda ter conhecido no quintal de seu tio. "O samba estava muito presente na minha vida desde muito cedo", conta ela, "na casa dos meus tios, dos meus pais, e não era algo que eles viam como negativo; ao contrário, era apreciado, respeitado e até encorajado".

Madureira era uma área peculiar nessa época. Em vez de se engajarem no processo acelerado de urbanização que muitas áreas da cidade atravessavam, seus moradores abraçaram as tradições das populações rurais que para lá se mudavam. O bairro estava longe do Centro do Rio de Janeiro. Os moradores trabalhavam com afinco para manter antigos hábitos, incluindo a celebração do Carnaval à moda rural. De certa forma, era como se o tempo tivesse parado. A região se desenvolveu lentamente, com os processos subjacentes de gentrificação nem as mudanças estruturais que o restante da cidade enfrentou. Não havia cinemas, óperas ou grandes lojas. O hoje estabelecido Mercadão de Madureira só abriria suas portas em 1959. Entre as décadas de 1930 e 1940, no decorrer da infância e adolescência de Dona Ivone Lara, quando ela visitava com regularidade a casa do tio, a área oferecia atividades tradicionais como as descritas na biografia do compositor de samba Silas de Oliveira: "Um bom baile de calango, os blocos do seu Zacarias, as pastorinhas, até a ladainha da Dona Maria, um jongo, um pagode, isso tudo reunia e congregava aquele povo."[32]

No entanto, essa não era a realidade fora de Madureira. Durante a adolescência, Dona Ivone Lara viveu a evolução do samba de um ritmo amaldiçoado para um símbolo nacional. Hermano Vianna investiga o que teria ocasionado essa virada, que, ele acredita, se organizou em torno da tentativa de forjar uma identidade nacional. Vianna menciona a comoção que *Casa-grande & senzala*, de Gilberto Freyre, provocou no começo dos anos 1930 e o papel do governo de Getúlio Vargas. Depois da Revolução de 1930 — que depôs o presidente Washington Luís, impediu que o presidente eleito, Júlio Prestes assumisse o cargo e estabeleceu Getúlio Vargas como presidente interino —, a busca por unidade política estimulou o país a encontrar novos símbolos nacionais.[33] O pesquisador — e também produtor de *Sorriso negro* — Sérgio Cabral afirma que o nacionalismo era um dos elementos centrais da agenda política dos anos 1930. Segundo ele, Oswaldo Aranha,

---

[32] Silva, Marília T. Barboza da e Filho, Arthur L. de Oliveira. *Silas de Oliveira, do jongo ao samba-enredo*, p. 29.

[33] Os efeitos da Grande Depressão e da duradoura crise da República Velha foram fortemente sentidos no Brasil da década de 1930. O clima político levou os rebeldes a questionar a eleição do candidato de São Paulo, Júlio Prestes. Getúlio Vargas, apoiado pelos industrialistas, pelo setor reformista das Forças Armadas e pelos latifundiários de outros estados, ganhou o apoio para um golpe militar. Para mais sobre o tema, ver Fausto, Boris. *A Revolução de 1930: Historiografia e história*.

que foi governador do Rio Grande do Sul e ministro da Justiça e de Assuntos Internos do governo de Getúlio Vargas, ao assistir a um concerto da Orquestra Típica Brasileira regida por Pixinguinha, apontou: "Estou entre os que sempre acreditaram na verdadeira música nacional. Não acredito em influência estrangeira nas nossas melodias."[34]

Quando reagia à discriminação de raça e gênero, Dona Ivone Lara não buscava um confronto político explícito. Ela seguia priorizando a realização de um projeto mais amplo, em que um emprego estável era algo central. Quando *Sorriso negro* foi lançado, ela estava com 60 anos. A demora do seu reconhecimento como uma grande compositora de samba não foi o resultado apenas das forças ou preferências do mercado, mas também do fato de que o seu objetivo central era ter um trabalho formal e sustentar a casa. Dona Ivone Lara não queria depender de biscates, do marido ou da família. Ela admitia amar a música mais do que tudo, mas nunca se referia a ela como parte de suas "responsabilidades" diárias.

Quando saiu do internato, a jovem foi morar na casa de sua tia Maria. A renda modesta da família, no entanto, não era suficiente para sustentar a todos, e logo seu tio a convenceu a arrumar um emprego. O acordo era que, se Ivone não encontrasse algo, ele pediria uma vaga para ela na mesma fábrica em que os seus primos trabalhavam. Não era o que a jovem tinha em mente, por isso ela se inscreveu na Escola de Enfermagem Alfredo Pinto, que lhe ofereceu uma bolsa de estudos. Ela dividia quase todo o seu dinheiro com a família. A escola de enfermagem representava um potencial verdadeiro de

---

[34] Cabral, Sérgio. "Getúlio Vargas e a música popular brasileira", pp. 36-41.

mobilidade social. Os salários eram atraentes, assim como os horários flexíveis. Seu tio Dionísio tinha sido motorista de ambulância e era uma referência para Dona Ivone. Ele "colocava comida na mesa, trabalhava duro e ainda fazia música no tempo livre", recorda ela. Era o caminho que sonhava seguir.

Quando Dona Ivone começou seus estudos na escola de enfermagem, em 1943, a instituição também oferecia um certificado de formação em serviços psiquiátricos. Na época, o Rio de Janeiro ainda era a capital do país e os cursos para formar esses profissionais, chamados "Assistência a Psicopatas no Distrito Federal", duravam dois anos. Entre as disciplinas, como administração de saúde, anatomia e aplicações práticas de pequenas cirurgias, a favorita de Dona Ivone era serviços médicos e assistência social. Por essa razão, e apesar de a ocupação ainda nem ser regulamentada, ela decidiu frequentar outro curso para se tornar assistente social. Ela sempre foi uma das estudantes mais aplicadas de sua turma. Dois anos depois, com o diploma na mão, foi relativamente fácil conseguir um emprego em um hospital da rede de saúde estadual.

O Instituto de Psiquiatria do Engenho de Dentro contratou Dona Ivone Lara assim que ela se formou, em 1947. Ela foi empregada dessa instituição de saúde até se aposentar, em 1977. Ali, trabalhou lado a lado com a dra. Nise da Silveira.[35] Foram os primeiros anos do que viria a se tornar uma revolução no tratamento de doenças mentais. Nise da Silveira criou uma seção de terapia ocupacional e contou com as artes, incluindo a música, para entender o processo psicótico. Por meio do que chamou de imagens do inconsciente, ela investigou as características individuais dos pacientes — ou clien-

---

[35] Horta, Bernardo Carneiro. *Nise: Arqueóloga dos mares*.

tes, como preferia chamá-los —, tornando-se uma pioneira na pesquisa sobre a relação emocional entre seres humanos e animais, que ela nomeou seus coterapeutas. Nise da Silveira foi supervisora de Dona Ivone e lhe ensinou a importância de dialogar com as famílias. As duas trabalhavam em uma grande sala onde desenvolveram diversas atividades, como dança, canto e pintura. Durante esse período, as reuniões regulares com outros compositores de samba se tornaram menos frequentes. O contato com a música vinha basicamente de seu emprego no hospital. Quando a conciliação entre trabalho e "lazer" se tornou uma tarefa difícil, uma de suas estratégias foi marcar as férias para fevereiro, no período em que ocorriam os desfiles de Carnaval.

Durante as décadas de 1930 e 1940, a principal escola de samba da região de Madureira era a Prazer da Serrinha. Alfredo Costa, um homem elegante de bigode fino e olhos intensos, a fundou nos moldes de um negócio familiar. Ele foi um grande mestre-sala, além de pai de santo do candomblé. Sua esposa, Aracy Costa, conhecida como Dona Iaiá, foi uma figura influente na religião e também no jongo. O casal Costa se tornou uma espécie de família real do samba no Rio de Janeiro. Tanto Alfredo Costa quanto Dona Iaiá receberam o prêmio "Cidadão do Samba", criado pela União de Escolas de Samba para homenagear as personalidades mais notáveis do setor. Costa foi presidente, diretor, organizador, dono e mestre-sala, ocupando basicamente todas as posições de liderança na Prazer da Serrinha. Era um empreendimento bem organizado, do qual o filho deles, Oscar, participava timidamente. Ele era um jovem calmo e charmoso, muito amigo de Silas de Oliveira, então considerado um dos compositores mais talentosos do bairro. O temperamento de Oscar era diferente dos demais. Ele preferia conversar a festejar. Dona Ivone se apaixonou. Os dois se casaram em 1947, quando ela estava com 26 anos.[36]

Apesar de seu casamento com Oscar — um homem de classe média baixa, ainda que integrante da realeza do samba —, Dona Ivone Lara não se sentia confortável contando apenas com a sua carreira de compositora de samba. Aquelas eram "as limitações naturais para uma mulher", acreditava ela. Se seu tio Dionísio servira de modelo por sua habilidade de combinar um trabalho formal com a paixão pela música, sua tia Maria fora uma fonte permanente de desencorajamento. Ela não achava que o universo da música fosse lugar para a jovem. "Também tinha a ver com ir a certos lugares. Ela acreditava que o ambiente do samba, sempre cheio de álcool e de homens, não era para mulher. Para ela, me faria mal fazer parte disso", recorda Dona Ivone. A reação de Maria revela os medos e as experiências da época. Pretinho da Serrinha conta que Tia Ira, contemporânea de Dona Ivone também vinda de uma das famílias fundadoras das escolas de samba do Rio de Janeiro, costumava lembrar que, na juventude, ela não podia nem olhar para a rua pela janela, quanto mais escrever músicas.[37] Dona Ivone nunca desafiou diretamente regras desse tipo. Seu questionamento sobre desigualdade de gênero e raça foi discreto, ainda que efetivo.

---

[36] Naquele mesmo ano, integrantes da Prazer da Serrinha insatisfeitos com o autoritarismo de Alfredo Costa a respeito de sua decisão sobre um samba-enredo decidiram criar o Império Serrano, que se tornou uma força no Carnaval carioca.

[37] Tia Ira, Iraci Cardoso dos Santos, era considerada o "pilar da Serrinha". Ela era parteira, curandeira e mantinha vivas as tradições do jongo na comunidade.

Meu fim de Carnaval não foi ruim e Nunca mais

Na época do lançamento de *Sorriso negro*, contudo, as mulheres brasileiras estavam em um momento bastante diferente. Encorajadas pelo movimento sindical, ao qual muitas tinham se filiado nos anos anteriores — marcados por rápida industrialização —, elas criaram grupos comunitários com novas pautas políticas, incluindo objetivos progressistas como equiparações salariais e creches gratuitas para todas as famílias. Nos anos 1970, associações como o Movimento do Custo de Vida exigiram um congelamento de preços dos produtos de primeira necessidade, aumentos nos salários e reforma agrária. Eles se expandiram para as áreas residenciais de São Paulo com o apoio tanto da Igreja quanto de feministas.

Apesar de não ter se identificado como feminista, Dona Ivone tinha discursos e estratégias que acompanhavam o ritmo do movimento no Brasil: ela avançava devagar, mas sem hesitação. Em *Sorriso negro*, a compositora se distanciou de sua parceria com coautores homens e escreveu, sozinha, a letra e a melodia de cinco das 12 faixas. Isso, por si só, já se apresentava como uma narrativa de peso para uma mulher no Brasil daquele tempo. O movimento mais amplo de tornar o samba um símbolo nacional do país impôs ainda mais restrições às mulheres, que raramente eram musicistas profissionais. Ganharam destaque "compositores, letristas e exímios instrumentalistas, cada vez mais afastando a importância e a participação das mulheres negras no processo constituinte do samba".[38] A elas restavam as limitadoras posições de tias, baianas ou musas,

---

[38] Santanna, Marilda (org.). *As bambas do samba: Mulher e poder na roda*.

"reduzindo seu papel a vários estereótipos reunidos em torno da mulher em geral, e da mulher negra em especial, porque carregam consigo a conotação de séculos de escravatura, confinando a mulher negra ao lugar de 'ama de leite', reprodutora, cozinheira ou então objeto sexual, entre outros".[39]

Depois de Dona Ivone, Leci Brandão é provavelmente o segundo nome que vem à mente quando se pensa numa compositora de samba. Leci afirma que há tão poucas que até mesmo para ela é difícil citar outras. As composições de Dona Ivone, em sua opinião, têm uma marca tão forte que é impossível não notar o estilo único. Essa característica torna sua música um manifesto do poder feminino. "Ela é uma especialista em escrever partido-alto, mas também em compor canções mais lentas e românticas. Há um lirismo que está sempre presente e torna sua obra única em termos das composições", reconhece Leci. Em uma entrevista sobre a carreira de Dona Ivone Lara, o percussionista e compositor Wilson das Neves fez questão de ressaltar o fato de ela também ter sido uma excelente instrumentista, tocando o cavaquinho afinado como um bandolim, algo muito incomum para uma mulher no ambiente do samba.[40]

A singularidade e o sucesso de Dona Ivone como artista abriram uma avenida para as mulheres no universo do samba. Uma avenida sinuosa, claro, mas, ainda assim, um novo caminho. Manter essa perspectiva é útil ao reconhecer os exemplos de *resistência pela existência* em *Sorriso negro*. A canção "Alguém me avisou" dialoga com a trajetória de diversas outras mulheres. A presença de Rosinha de Valença pode ser notada nos

---

[39] Ibid.
[40] O padrão para afinar um cavaquinho no Brasil é Ré-Sol-Si-Ré, enquanto o do bandolim é Sol-Ré-Lá-Mi.

arranjos que retratam o folclore brasileiro usando lentes modernas. O músico Zé Luis Oliveira observa que a linha na introdução ecoa a versão de Elis Regina de "Bala com bala", de autoria de João Bosco e Aldir Blanc. A sororidade também está presente nos arranjos vocais. Dona Ivone canta livremente, e é o coro feminino que permite que ela o faça, ao manter a melodia principal enquanto ela improvisa linhas melódicas em variações do que o bandolim, o saxofone soprano e a cuíca estão tocando.

"Meu fim de Carnaval não foi ruim" é uma das cinco canções que Dona Ivone Lara assina sozinha para o álbum. A letra em primeira pessoa descreve os sentimentos de alguém cujo coração foi partido e que vê o ser amado arrependido pelo abandono. O eu lírico se vê feliz com esse arrependimento: "Mas você não cumpriu e se arrependeu/ E voltou exigindo ficar no mesmo lugar." A palavra "exigindo" claramente afirma quem manda na relação: a pessoa que foi embora. No entanto, em nenhum momento da letra é possível identificar se o narrador é homem ou mulher. É quase uma armadilha linguística para o ouvinte, na qual, de acordo com as expectativas gerais da sociedade brasileira daqueles tempos (e o fato de a voz e a composição pertencerem a uma mulher), é quase automático presumir que se trata de um narrador feminino. É importante lembrar que essa era uma época em que diversos compositores brasileiros (mais notadamente Chico Buarque) estavam brincando com a ideia de compor e cantar do uma perspectiva feminina. Portanto, é possível supor que Dona Ivone estivesse cantando de uma perspectiva masculina e que o "alfa" na relação fosse uma mulher. A decisão é de quem ouve.

"Meu fim de Carnaval não foi ruim" forma um par perfeito com "Nunca mais", em que a letra causa o mesmo efeito. Não há como definir o gênero do eu lírico, mais uma vez alguém com o coração partido, que, dessa vez, decide não ceder. A pessoa em questão se nega a perdoar depois de uma traição e declara: "Não me convences, para mim não serves mais." Outra parte da letra sugere que é a voz de um homem, ao dizer que uma pessoa não identificada revelou, sob a condição de que seja mantido o segredo, "Que andas de mão em mão". No entanto, a expressão "andas de mão em mão" pressupõe passividade, algo como "você esteve nas mãos de diversos parceiros sexuais", logo, para muitos ouvintes, pode ser uma referência a uma mulher. Se é esse o caso, mais uma vez, o julgamento pertence a quem escuta.

Ambas as canções flertam com o pagode, que Nei Lopes chamou de "o fenômeno musical mais importante dos anos 1980 no Brasil".[41] Bira Presidente esteve no centro dessa nova tendência, um ponto de virada no mundo do samba. Ele foi um dos fundadores do Fundo de Quintal e do bloco carnavalesco Cacique de Ramos. O pagode foi um movimento de resistência às tendências da época. "As pessoas só ouviam 'enlatados', essas músicas muito comerciais dos Estados Unidos e até do Brasil, todas de má qualidade. Foi um momento difícil para o samba." Então, Beth Carvalho surgiu, uma jovem de classe média que cantava Bossa Nova. Ela se tornara famosa com o sucesso de "Andança", de Paulinho Tapajós, Danilo Caymmi e Edmundo Souto, que ficou em terceiro lugar no polêmico Festival Internacional da Canção de 1968.[42] Durante os anos 1970, ela gravou

---

[41] Lopes, Nei. "Afro-Brazilian Music and Identity", pp. 6-8.
[42] O festival ocorreu no mesmo ano em que o AI-5 foi decretado e a censura tornou-se regra no Brasil. A canção "Sabiá", de Tom Jobim e Chico Buarque, venceu a competição, apesar das reclamações do público. "Pra não dizer que não falei das flores", de Geraldo Vandré, se tornou o hino da resistência ao regime militar e era a favorita, mas ficou em segundo lugar.

diversas canções de compositores de samba tradicionais, como Cartola e Nelson Cavaquinho. No fim da década de 1970, começou a frequentar os encontros semanais e as rodas de samba no Cacique de Ramos. Em 1978, lançou o álbum *De pé no chão* (RCA Victor), cuja primeira música é "Vou festejar", de Edel Ferreira de Lima (Dida), Neoci Dias de Andrade e Jorge Aragão. A faixa era uma das mais populares do Cacique de Ramos. Jorge Aragão, Almir Guineto e o grupo Fundo de Quintal se tornaram presenças fixas na cena musical brasileira. Beth Carvalho ficou conhecida como "madrinha do samba" por ter apresentado diversos artistas ao grande público.

Foi nessa época que Dona Ivone Lara começou a frequentar os eventos do Cacique de Ramos. Era como estar no quintal de uma das tias. "O lugar estava sempre lotado com os maiores sambistas de todos os tempos. Todo aquele balanço, a cachaça, a cerveja… De repente, todos os jornais e canais de TV estavam interessados em fazer reportagens sobre nós", recorda Bira Presidente. Em 1993, Leci Brandão lançou o álbum *Um ombro amigo*, para o qual gravou "Isso é Fundo de Quintal", em que canta "O que é isso, meu amor, venha me dizer/ Isso é Fundo de Quintal, é pagode pra valer". Apesar da homenagem, Bira Presidente não gosta da associação do grupo com o pagode. Para ele, o termo não passa de uma criação da mídia para explorar a tendência. "O que nós cantamos é samba tradicional. Ninguém gosta de ser chamado de pagodeiro. Não somos isso. Esse termo se refere a uma reunião de pessoas. Tem uma conexão com alguma coisa do Japão, algo assim. Não aceitamos isso. Não vou destratar alguém que diga isso, mas não somos *pagodeiros*." No entanto, em muitas regiões do Rio, os músicos consideravam o termo uma honra. Não era apenas um encontro, mas uma forma de resistir à comercialização das escolas de samba.[43]

Primeiros passos

Muito antes do golpe de Estado de 1964, as mulheres brasileiras já clamavam por igualdade. Em 1919, Bertha Lutz criara a Liga pela Emancipação Intelectual das Mulheres e, três anos depois, a Federação Brasileira Pelo Progresso das Mulheres.[44] O sufrágio feminino e a igualdade de gênero no local de trabalho estavam no centro da pauta. Em 1932, a Assembleia Nacional Brasileira promulgou uma nova Constituição que, finalmente, deu às mulheres o direito ao voto e impôs a garantia de condições de trabalho iguais às dos homens, incluindo uma provisão para erradicar a desigualdade de pagamento salarial por causa de sexo, idade, local de nascimento ou estado civil.[45] No entanto, se isso afetou Dona Ivone Lara como funcionária e compositora de samba, ela continuou confinada aos mesmos padrões. Como mencionado anteriormente, ao mostrar seus primeiros sambas ao público ela optou por esconder a autoria deixando que seu primo se passasse por compositor. Ela se recordava desses episódios com orgulho, não raiva. Como alguém ciente da própria autonomia, defendeu a estratégia como uma escolha, não

---

[43] Galinsky, Philip. "Co-option, Cultural Resistance, and Afro-Brazilian Identity: A History of the 'Pagode' Samba Movement in Rio de Janeiro", p. 120.
[44] Pinto, Céli Regina Jardim. *Uma história do feminismo no Brasil*, pp. 13-4.
[45] Ibid., pp. 21-8.

um exemplo da própria opressão: "Foi um sucesso. Ele tocou e todo mundo gostou, elogiou, perguntou de onde tinha vindo a ideia. Fiquei por perto, observando, ouvindo o que diziam e pensando que era tudo meu. A discriminação nunca me enfureceu. Eu tinha orgulho de ver que as pessoas gostavam das minhas criações."

Dona Ivone recusa qualquer vitimização, mas o fato de fazer referência à discriminação sugere que, apesar da recusa em se sentir prejudicada, ela sabia que tais imposições não eram justas. Sua demanda tímida por espaço é exemplo de um indivíduo agindo com um grau enorme do que Henri Bergson chamou de *attention à la vie*, uma ênfase altamente consciente na ação, em que a percepção e os mecanismos neurais atuam para promover uma adaptação rápida e efetiva à realidade pela combinação do entorno com referências passadas.[46] Intimamente ligada a esse conceito está a suposição de que todos nós participamos de diversos subuniversos que exigem diferentes atenções, em um fluxo contínuo porém dinâmico. No caso de Dona Ivone Lara, as estratégias de resistência lhe permitiram chegar a uma posição que influenciou as gerações futuras. Em um exemplo de *resistência pela existência*, ela sustentou um plano de ação consciente que se concentrou em um objetivo futuro, em uma "motivação para", nas palavras de Alfred Schütz. Trata-se de um comportamento escolhido pelo indivíduo após uma interpretação da realidade, com a intenção de executar um propósito ainda não obtido.[47] Apesar de concebi-

---

[46] Bergson, Henri. *Matter and Memory*, p. 14. Para mais detalhes sobre a discussão acerca do conceito de *attention à la vie*, de Bergson, ver Lapoujade, David. "The Normal and the Pathological in Bergson", pp. 1146-55.

[47] Schütz, Alfred. *The Phenomenology of the Social World*.

da originalmente como um projeto individual, a *resistência pela existência* gera um impacto na compreensão intersubjetiva, alterando o comportamento compartilhado da sociedade. Enquanto navegava as águas das limitações impostas externamente ao seu desenvolvimento pessoal, Dona Ivone Lara não apenas supôs, mas também agiu de acordo com a compreensão do outro, criando por meio da própria experiência e de suas conquistas um novo conjunto de expectativas para as mulheres negras no ambiente da música. Trata-se não apenas de uma questão de ajuste e escolha, mas de resistência e impacto.

Depois da publicação de *O segundo sexo*, de Simone de Beauvoir, em 1949, as reivindicações por igualdade de gênero aumentaram no Brasil. A industrialização acelerada entre os anos 1960 e 1980 reestruturou a organização da família brasileira. A necessidade urgente de aumentar a força de trabalho incentivou a integração acelerada das mulheres ao mercado.[48] Tal processo, no entanto, coincidiu com o período da ditadura, quando a luta por igualdade de gênero foi relegada a segundo plano. A resistência, da qual faziam parte muitas feministas, era mais ao regime autoritário do que às desigualdades de gênero e raça. Os grupos que emergiram na América Latina durante a segunda onda do feminismo enfrentaram um cenário muito diferente em relação aos seus equivalentes na Europa e nos Estados Unidos. Eles tiveram de competir com outras ideologias e procurar espaço dentro da esquerda, que, na época, priorizava debates considerados mais urgentes, que incluíam a luta por democracia e pela própria vida. O feminismo, no entanto, nunca desapareceu. As ativistas envolvidas na luta armada contra a ditadura civil-militar viam o terrorismo de Estado como a demonstração mais ativa do machismo.

---

[48] Saffioti, Heleieth. *A mulher na sociedade de classes: Mito e realidade.*

Engajadas ou não no movimento feminista, as mães estavam na linha de frente da luta contra o autoritarismo do Estado. Em março de 1968, cerca de trezentos estudantes foram para o restaurante Calabouço depois de um protesto no Centro do Rio de Janeiro. A Polícia Militar invadiu o local e disparou contra dois jovens, Benedito Frazão Dutra e Edson Luís de Lima Souto, cujo corpo foi carregado pelas ruas da cidade até os degraus da então Assembleia Legislativa, na Cinelândia. Sua morte culminou em uma série de manifestações contra os militares em todo o país. Entre os muitos cartazes espalhados pelos protestos, um dos mais conhecidos dizia: "Mataram um estudante, ele podia ser seu filho."[49] Essas palavras inspiraram a fundação de um movimento de mulheres, a União Brasileira de Mães, com mais de quinhentos membros.[50] Em 12 de setembro de 1968, num artigo intitulado "A Revolta das Mães", o jornal *Correio da Manhã* descreveu o grupo, que pretendia obter o apoio de "todas (todas, sem exceção) [as] mães brasileiras. O objetivo é um só: lutar ao lado dos filhos pelas reformas de ensino".[51] Lúcia Rodrigues de Brito, uma das entrevistadas, declarou que a organização brasileira era mais forte que suas equivalentes estrangeiras. "Nosso movimento é inédito. Na França, nos Estados Unidos, no mundo

---

[49] O escritor Mário Magalhães recorda diversos cartazes dos protestos, entre eles "Os velhos no poder, os jovens no caixão", in: "Mataram um estudante, ele podia ser seu filho. Há 50 anos, um assassinato comoveu o Brasil. E se fosse hoje?". *The Intercept*, 28 fev. 2018. Disponível em: <https://theintercept.com/2018/02/28/mataram-um-estudante-ele-podia-por-seu-filho-ha-50-anos-um-assassinato-comoveu-o-brasil-e-se-tosse-hoje/>. Acesso em 27 fev. 2020.
[50] Teles, Maria Amélia de Almeida. *Breve história do feminismo no Brasil*.
[51] "A Revolta das Mães", *Correio da Manhã*, 12 set 1968. Disponível em: <http://memoria.bn.br/pdf/089842/per089842_1968_23137.pdf>. Acesso em 27 fev. 2020.

inteiro está havendo uma revolta. As mães estão em casa. No Brasil, muito pelo contrário, é preciso que todos saibam, as mães estão organizadas. Já saem à rua com os filhos."[52]

O surgimento do feminismo

Meses depois da morte de Edson Luís, a ditadura intensificou a opressão com a aprovação do AI-5, o Ato Institucional nº 5, em 13 de dezembro de 1968. O decreto suspendeu todas as garantias constitucionais, resultando na institucionalização da tortura e da censura. Houve restrições a publicações da imprensa, músicas, filmes, peças de teatro e programas de televisão. O AI-5 também determinou a ilegalidade de encontros políticos e suspendeu *habeas corpus* para crimes de motivação política. Dados oficiais atestam que esse foi o período mais violento da ditadura militar brasileira, com mais de quatrocentos mortes. Sob tais circunstâncias, o movimento das mulheres perdeu força. Em uma estimativa com base em dados do Comitê Brasileiro pela Anistia, fundado em 1978, Maria Amélia de Almeida Teles calcula que a fração de mulheres nas organizações esquerdistas de resistência ao regime era de aproximadamente 12%.[53] Muitos desses grupos agiam a partir do mesmo conjunto de percepções e expectativas que a sociedade brasileira tinha como um todo. O maior país católico do mundo colocava a família "tradicional" em primeiro lugar, e isso significava uma expectativa de que elas se concentrassem acima de tudo na maternidade, no casamento e nas tarefas domésticas. Fora desses grupos, em

---

[52] Ibid.
[53] Teles, Maria Amélia de Almeida. Op. cit.

um ambiente político em que os protestos e até reuniões eram proibidos, havia ainda menos espaço para o feminismo.

Dentro dos grupos de luta armada, as mulheres raramente assumiam papéis de liderança. Quando se tratava de estratégia militar, seu papel principal era obter informações. Os líderes as viam como mais frágeis e menos perspicazes, por isso as tentativas de algumas de se "masculinizarem" eram frequentes. Na Guerrilha do Araguaia, por exemplo, as relações sexuais eram evitadas ao máximo.[54] Quando capturadas por agentes do governo, era comum elas sofrerem abuso sexual, estupro e tortura nos órgãos genitais. As mulheres que trabalhavam para as agências da ditadura também desempenhavam funções secundárias, majoritariamente voltadas para a espionagem. Era comum, por exemplo, infiltrar casais que fingiam estar numa relação para obter informações e prender ativistas de esquerda.[55]

Se a repressão do governo depois de 1964 e durante a década de 1970 impossibilitou que o movimento feminista brasileiro florescesse como em outros países, o fim dos anos 1970 e o começo dos anos 1980 foi um período de intenso questionamento dos papéis de gênero na sociedade. A Organização das Nações Unidas declarou 1975 o Ano Internacional da Mulher. Os anos de 1976 a 1985 foram estipulados como a Década da Mulher. Os movimentos brasileiros pela igualdade de gênero, em geral, viram a iniciativa da ONU como uma oportunidade de tornar públicas as reivindicações vetadas pelo regime autoritário. Em janeiro de 1979, uma comissão de mulheres no Congresso Nacional pela Anistia propôs que os grupos que batalhavam para trazer exilados políticos

---

[54] Ibid., pp. 71-3.
[55] Ibid.

de volta ao Brasil juntassem forças com o movimento feminista. A delegação exigia do regime apoio para filhos e filhas de mulheres vítimas do regime e punição dos culpados. Em março de 1979, cerca de mil mulheres se reuniram no Congresso da Mulher em São Paulo. Em abril, ocorreu a primeira Conferência Nacional de Mulheres.

Depois de se envolverem na luta armada contra a ditadura, várias dessas ativistas criaram publicações e instituições para promover uma pauta feminista. Entre 1975 e 1980, os jornais *Nós Mulheres* e *Brasil Mulher* publicaram oito e vinte edições, respectivamente.[56] Em formato tabloide e impressos em preto e branco, eles eram financiados pelas mulheres que os editavam e pelas vendas. Não havia anúncios nem patrocinadores. O ângulo e os tópicos das matérias eram definidos em reuniões de pauta que faziam lembrar os encontros de guerrilhas nas quais algumas editoras eram militantes, com debates acalorados que podiam durar dias.[57] Direitos trabalhistas ainda eram uma parte central da cobertura, mas aborto, sexo, orgasmo e a divisão do trabalho doméstico também estavam incluídos.

A criação de vários novos partidos políticos acrescentou o feminismo à pauta da latente democracia. Partidos de oposição — como o Partido Trabalhista Brasileiro (PTB), o Partido do Movimento Democrático Brasileiro (PMDB), o Partido Democrático Trabalhista (PDT) e o Partido dos Trabalhadores (PT) — incorporaram os direitos das mulheres à agenda. Um grupo de 26 deputadas foi fundamental para a aprovação da

---

[56] Teles, Amelinha; Leite, Rosalina Santa Cruz. *Da guerrilha à imprensa feminista*.

[57] Ibid., p. 65.

Constituição Brasileira de 1988.[58] Ironicamente chamadas de Bancada do Batom, elas contribuíram para incluir no debate temas como a violência doméstica e a legalização do aborto, mas suas ideias e reivindicações não resultaram em nenhuma mudança na legislação.

Em 1979, a Lei da Anistia foi promulgada, concedendo perdão aos crimes que civis e militares cometeram durante a ditadura. Diversos intelectuais, professores, artistas, trabalhadores e pessoas que o regime considerava uma ameaça puderam finalmente voltar ao país. As memórias coletivas de algumas das mulheres que enfrentaram tal migração forçada foram reunidas no livro *Memórias das mulheres do exílio*, publicado em 1980. Na capa do livro, as palavras *das mulheres* aparecem como um acréscimo ao título, de forma a expressar que elas não estavam incluídas nem mesmo no já marginal grupo de exilados. Sempre que discussões sobre raça ou gênero eram trazidas à tona, eram colocadas de lado por preocupações consideradas mais significativas e urgentes como o fim da ditadura. Esses debates só ganharam força quando um sistema de voto democrático se tornou realidade.

Angela Neves-Xavier de Brito investiga a importância das organizações feministas no contexto da comunidade exilada e dos diferentes países onde elas surgiram.[59] Ela separa duas "ondas" de exílio: a de 1964, formada por pessoas que saíram do Brasil logo depois do golpe de Estado, principalmente para outros países da América Latina, e a de 1968, que procurou destinos na Europa e na África. A primeira leva se deparou com um re-

---

[58] Pinto, Céli Regina Jardim. Op. cit., p. 73
[59] Brito, Angela Neves-Xavier de. "Brazilian Women in Exile: The Quest for an Identity", pp. 58-80.

torno ao status que tinha antes de se envolver com o ativismo político. De acordo com a autora, isso se deve à estrutura das organizações civis de esquerda latino-americanas, que mantinham as mulheres em uma posição inferior, sem a possibilidade de adquirir uma nova identidade. Com a segunda turma a história foi diferente. Na Europa, o processo de construir uma nova consciência por parte delas se fortaleceu. Brito afirma que "reflexões sobre as condições de opressão das mulheres só poderiam acontecer no exílio e especialmente em sociedades cujas condições favoreciam seu surgimento. Isso nunca poderia ter ocorrido em sociedades como o Brasil ou o Chile, imbuídas de valores patriarcais".[60]

Em sociedades com uma vasta maioria católica como o Brasil, o desenvolvimento do movimento feminista encontrou múltiplos desafios. Dona Ivone Lara, no entanto, foi um caso único. Por um lado, ela acreditava que a sua raça era parcialmente responsável pela demora no seu reconhecimento como artista. Por outro, essa origem deu à sua família um legado de sociedades matriarcais da África. A imagem de mulheres africanas como fortes e combativas, capazes de superar obstáculos na luta pela própria vida e pela vida de seus filhos, está ligada à identidade da mulher negra não apenas naquele continente, mas também nos países da diáspora africana.[61] No candomblé, a mãe de santo mantém uma posição de prestígio, poder e liderança.[62]

Não seria um exagero dizer que a estrutura matriarcal africana tradicional se transpôs para as relações de Dona Ivone com

---

[60] Ibid., p. 67.
[61] Santos, Gislene Aparecida dos. *Mulher negra, homem branco. Um breve estudo do feminino negro*, p. 39.
[62] Maggie, Yvonne. *Guerra de orixá: Um estudo de ritual e conflito*.

familiares, vizinhos e amigos. Ser uma mulher negra sem dúvida trazia um pesado fardo de opressão, mas em alguns dos subuniversos em que ela navegou essa posição lhe conferiu autoridade. Mart'nália é filha do compositor de samba Martinho da Vila, um grande amigo de Dona Ivone durante toda a sua vida. A cantora costumava frequentar a casa de Dona Ivone, que a chamava de "netinha", o que levou Mart'nália a acreditar, por muito tempo, que as duas eram de fato da mesma família. Essa relação incutiu nela a certeza de que não havia limites naturais de gênero ou raça. "Nunca foi uma questão para mim. Eu achava que todos éramos naturalmente capazes de tudo."

Ao falar da época em que Mestre Fuleiro apresentava as canções de Dona Ivone enquanto ela estudava, a compositora Leci Brandão enxerga essas ações como a construção de mudanças históricas. Entre elas, o fato de Dona Ivone ter se tornado a primeira mulher a compor um samba-enredo. Leci afirma que o que Mart'nália vivenciou vai ecoar por diversas gerações porque a música de Dona Ivone é atemporal. "Quando Dona Ivone Lara está no palco, tem uma luz, uma força que, para as meninas negras, pode ser um exemplo de determinação e criatividade. É uma história de protagonismo feminino que pode servir de inspiração, um exemplo de uma mulher negra que alcança o sucesso."

Essa mensagem política era clara nas capas dos primeiros álbuns de Dona Ivone. O modo como foi representada nas capas desses discos indicava uma posição de autoridade e destaque. Em *Samba, minha verdade, samba minha raiz* ela aparece no centro, em posição de comando. Com o bandolim em punho, canta rodeada de homens que aplaudem. Em *Sorriso de criança* a cena é praticamente a mesma. A diferença é que, além dos homens, há duas crianças em quadro. Dona Ivone usa um vestido branco largo e brincos de argola. Em *Sorriso negro*, ela se assume ainda mais como a voz principal da obra. Surge sozinha com um sorriso repleto de simbolismos. A imagem de Dona Ivone Lara nesses trabalhos tornou-se uma inspiração e referência para as mulheres e pessoas negras do Brasil.

PARTE 2

Rostos

Para Elifas Andreato, o processo de criar a arte da capa foi o mesmo para os mais de trezentos álbuns que ele assinou. Primeiro, ele ouve as faixas, depois conversa com o artista e, finalmente, esboça uma série de ideias. Seu objetivo inicial é refletir o que as músicas desejam expressar. Ao mesmo tempo, ele admite que almeja convidar o ouvinte a dar um passo além, imaginar as implicações sociais e políticas da obra, mesmo que elas não estejam explicitamente ali. É como se ele se colocasse no lugar do compositor, fazendo sugestões e acréscimos ao que o disco comunica. Andreato começou a aplicar seu talento artístico a obras musicais durante o regime militar, no auge da repressão, logo depois do AI-5. Ele criou capas para artistas como Paulinho da Viola, Martinho da Vila, Clementina de Jesus, Zeca Pagodinho, Elis Regina, Gonzaguinha, Chico Buarque e Clara Nunes. Sua arte de cores saturadas protestava contra a ditadura de forma sutil, sem afrontar diretamente os agentes da censura. Graças a tal estratégia, seus trabalhos circularam sem restrições.

Na capa de *Nervos de aço* (1973), de Paulinho da Viola, o cantor surge com o rosto coberto de lágrimas, segurando um buquê de flores coloridas. Algumas parecem murchas.[63] O álbum está repleto de letras emotivas, a maioria sobre amores perdidos.[64] A segunda faixa, "Comprimido", descreve os desafios diários de preservar o amor em tempos de silêncio e violência. A canção narra o suicídio de um homem que, de repente, começou a se afastar da esposa. Ela acha que o marido está tendo um caso extraconjugal. Os dois brigam. Ele a agride fisicamente. O casal vai parar na delegacia de polícia, onde o delegado explica que não pode fazer muita coisa, uma vez que "ninguém pode julgar coisas de amor". Durante a conversa, transparece uma escalada de tensão entre o casal, movida pelo fato de que o homem parece guardar um segredo que o transforma em outra pessoa, uma imagem obscura de si mesmo, desconhecida da esposa. Ao apresentar tal relato, a mulher conclui que o comportamento do marido parece estar relacionado ao fato de que ele passava muito tempo ouvindo um samba de Chico Buarque sobre o dia a dia. É uma referência à canção "Cotidiano", que narra a rotina de uma dona de casa que, de acordo com o marido, todos os dias faz as mesmas coisas, do mesmo jeito.[65] O dia começa quando ela o acorda pontualmente às seis horas da manhã e acaba com ela à porta, às seis da tarde, esperando o retorno do esposo. A canção de Chi-

---

[63] Paulinho da Viola, *Nervos de aço*. Rio de Janeiro: Odeon, 1973.
[64] Para um estudo sobre a capa de dois álbuns de Paulinho da Viola lançados durante a ditadura, ver Porciúncula, Paula Paraíso. "*A dança da solidão* (1972) e *Nervos de aço* (1973): a arte nas capas de discos durante a ditadura no Brasil" (TCC, Universidade Federal de Santa Catarina, 2016). Disponível em: <https://repositorio.ufsc.br/xmlui/bitstream/handle/123456789/179608/TCC_Paula_Paraiso_Porciuncula_2016_1.pdf?sequence=1&isAllowed=y>. Acesso em 27 fev. 2020.
[65] Chico Buarque de Hollanda, *Construção*.

co Buarque foi lançada em 1971 e chamou atenção para uma queixa feminista: o confinamento das mulheres à vida doméstica. No contexto dessa faixa e da composição a que ela se refere, ver o rosto fragilizado de Paulinho da Viola, a chorar na capa, acrescenta a "Comprimido" e a outras canções de amor do disco uma nova camada de interpretação, que questiona as expectativas de gênero.

Engana-se, no entanto, quem imagina que todos os trabalhos de Andreato se caracterizam pela sutileza e pelo ativismo contido. O pôster criado para a peça de teatro *Mortos sem sepultura*, de Jean-Paul Sartre, mostra um homem pendurado em um pau de arara, um instrumento de tortura comumente usado durante a ditadura militar brasileira. No fundo da ilustração, há um oficial com uma suástica no braço. Ele usa óculos escuros e toda a sua figura está em preto e branco, completando a cena sombria.

Na época de *Sorriso negro*, o começo dos anos 1980, ele tinha mais de uma década de experiência com capas de discos. Nascido no Paraná em 1946, o artista e designer gráfico estava morando no Rio de Janeiro e era amigo de diversos músicos. Andreato recorda que ter criado e supervisionado a arte de *Sorriso negro* foi uma oportunidade extraordinária para mergulhar nos objetivos do movimento feminista, uma vez que Dona Ivone Lara estava em um momento particularmente poderoso de sua carreira. Mais de 15 anos depois de estrear em um desfile oficial de Carnaval, em 1965, ela era finalmente reconhecida como uma pioneira também fora do universo do samba. "Todo mundo estava falando do fato de ela ser uma mulher ocupando um espaço único em um mundo tão masculino", explica Andreato.

Dona Ivone tinha uma capacidade incrível de seduzir. Como compositora, ela sempre foi excepcional, especialmente como melodista. O que eu queria ver era se eu conseguiria retratar graficamente o conteúdo do álbum que, para mim, continha as marcas registradas dela: lindas melodias e versos elaborados. Achei que a capa foi capaz de revelar o conteúdo do LP enquanto, ao mesmo tempo, mostrava a poderosa imagem dela.

Iolanda Huzak fotografou Dona Ivone para o projeto. Ruth Freihof supervisionou o trabalho e Alexandre Huzak assinou a arte-final. O resultado é muito mais que um retrato: o rosto, o nome e o colo dela têm diferentes tons de marrom, bege, branco e preto. O sorriso, ao mesmo tempo contido e aberto, é vermelho vivo. "A boca. Estava tudo na boca. Fiz aquilo por causa da voz doce dela, mas também porque o título do álbum e a canção são tão fortes e evidentes que isso precisava estar presente na capa", recorda Andreato.

Ele e o produtor Sérgio Cabral se conheciam da indústria musical, mas também do ativismo político. Andreato lembra que o começo da década de 1980 foi uma época em que eles finalmente puderam se afastar da luta contra o regime para lidar com outras questões seminais da sociedade brasileira:

> *Sorriso negro* foi uma escolha, uma progressão do que eu vinha fazendo com outros artistas, como Martinho da Vila e Paulinho da Viola. Então, sim, havia um comentário político naquela boca, naquele grito. A luta contra o regime exigiu muito de todo mundo. Naquele momento, estávamos começando a olhar para outras questões, como gênero. Foi um período cheio de desafios. Havia uma sensação de que todos deveriam dar valor a ela, por ser uma pioneira e uma compositora muito talentosa.

Ele lembra de ter trabalhado, na época da produção de *Sorriso negro*, com o jornalista Fernando Faro na TV Globo. Faro gravou um programa com o compositor Bucy Moreira, seguindo seu estilo de closes e tomadas longas. De acordo com Andreato, a filmagem não foi ao ar porque o então diretor-geral de programação da TV Globo, José Bonifácio de Oliveira Sobrinho, conhecido como Boni, constatou que os dentes de Moreira tinham uma aparência ruim demais para a televisão. Indignados com o que consideraram censura, Andreato e Faro pediram demissão. Moreira era neto da Tia Ciata, anfitriã das reuniões nas quais os primeiros sambas foram criados. "Acho que esse incidente foi fundamental no meu processo de criação da capa de Dona Ivone Lara."

Nomes

Na capa de *Sorriso negro*, o nome da artista aparece como Dona Yvonne Lara. No encarte, há lugares em que surge escrito da mesma forma e outros em que se lê Yvonne Lara ou Dona Ivone Lara. Os relatórios completos da Warner Music Brazil dão conta de que tanto o nome legal quanto o artístico dela são D. Yvonne Lara. Em todos os seus outros discos, com exceção de *Sorriso negro,* a escolha é por Dona Ivone Lara. As múltiplas grafias encontradas no álbum resumem uma tentativa de navegar pelas próprias identidades artísticas e as expectativas do mercado musical brasileiro. A retirada do "y", presente em sua certidão de batismo, mas não no alfabeto brasileiro na época, foi sugestão do produtor Adelzon Alves, que tinha trabalhado com ela em seus discos anteriores e a quem ela dedica *Sorriso negro*. A escolha a transformou em uma representação ainda mais "autêntica" da brasilidade. Essa disputa entre "Y" e "I" é símbolo de uma tensão que havia começado décadas antes: o Brasil deveria adotar a "americanização" de sua cultura ou rejeitá-la para salvar suas raízes e tradições?

No fim dos anos 1950, enquanto turistas internacionais lotavam as casas noturnas do Rio de Janeiro, um grupo de jovens músicos de classe média começou a se reunir na casa da cantora Nara Leão para fazer, "como amadores, aquilo que os músicos de boate já faziam para ganhar a vida, imitando os americanos: as *samba sessions* que lhes permitiam tocar samba em estilo de jazz, com liberdade de improvisação e sem preocupação de tempo".[66] O crítico de música José Ramos Tinhorão, que mais tarde resenharia *Sorriso negro* para o *Jornal do Brasil*, se tornou o detrator desse gênero inventado por João Gilberto e Tom Jobim, afirmando que não passava de uma leve (e piorada) modificação do samba. "O samba tradicional era muito certinho, metido, marcado no compasso dois por quatro. A grande invenção do João Gilberto foi desacentuar o tempo. É como goteira que não cai certinho o tempo todo. A Bossa Nova é ritmo de goteira", ele argumentou em um debate com Hermínio Bello de Carvalho, parceiro de Dona Ivone Lara em "Unhas".[67]

Bello de Carvalho respondeu a Tinhorão que

> a invenção da Bossa Nova não tem nada a ver com outro tipo de samba. É samba, sim. É brasileiro, sim. Tom [Jobim] é um grande compositor. Não digo só por mim. Ele era reverenciado

---

[66] Tinhorão, José Ramos. *História social da música popular brasileira*.
[67] Lobo, Thais. "'Bossa nova é ritmo de goteira', diz Tinhorão na Flip", *O Globo*, 7 maio 2015. Disponível em: <https://oglobo.globo.com/cultura/livros/bossa-nova-ritmo-de-goteira-diz-tinhorao-na-flip-16668223>. Acesso em 27 fev. 2020.

por um parceiro meu: Alfredo da Rocha Vianna, o Pixinguinha. Eu sigo Pixinguinha. Temos que reconhecer. Eu ouço Tom com prazer imenso.[68]

No fim dos anos 1960 e 1970, a resistência ao que muitos consideravam a infiltração dos Estados Unidos no mercado brasileiro ganhou apoio tanto dos grupos de direita, que definiam as políticas nacionalistas do regime militar, quanto dos de esquerda, que afirmavam ser necessário lutar contra a influência do Tio Sam. O protesto contra a guitarra elétrica — que tinha se tornado um símbolo do imperialismo norte-americano — é um exemplo. Em julho de 1967, Gilberto Gil, Geraldo Vandré, Edu Lobo, Elis Regina, Jair Rodrigues e outras estrelas da música brasileira se juntaram a mais de trezentos manifestantes nas ruas de São Paulo.[69] Nara Leão e Caetano Veloso interpretaram o protesto como fascismo.[70] O produtor de *Sorriso negro*, Sérgio Cabral, foi jurado em muitos dos festivais de música da TV Record e estava entre os que apoiaram o ato:

---

[68] Ibid.
[69] A televisão, mais especificamente a TV Record, dedicou uma grande parte de sua programação à música brasileira. Dois de seus programas de maior sucesso são exemplos da tendência da época: *Fino da Bossa*, voltado para a Bossa Nova, e *Jovem Guarda*, dedicado ao rock and roll brasileiro. Ver Guimarães, Valéria. "A passeata contra a guitarra e a 'autêntica' música brasileira", in: Rodrigues, Cristina Carneiro; Luca, Tania Regina de; Guimarães, Valéria (orgs.). *Identidades brasileiras: Composições e recomposições*.
[70] *Uma noite em 67*, dirigido por Ricardo Calil e Renato Terra. Rio de Janeiro: VideoFilmes, 2010, DVD. Para mais informações sobre a perspectiva da Nueva Canción chilena, ver Barr-Melej, Patrick. *Psychedelic Chile: Youth, Counterculture, and Politics on the Road to Socialism and Dictatorship*.

Olha, eu hoje faço minha autocrítica. Eu fiquei do lado da passeata, né, que hoje eu vejo até como uma coisa ridícula. Claro, pouco depois eu vi, eu me tornei produtor de disco e vi, enfim, uma bobagem ficar contra a guitarra elétrica! É uma coisa idiota, né?! Uma bobagem. Mas, gente, [para] nós nacionalistas, nós da esquerda, a música não podia ser invadida pelo que vinha de fora, e a guitarra elétrica era um símbolo dessa invasão.[71]

No entanto, a briga "idiota" não impediu Cabral de defender um amálgama do samba e da Bossa Nova. Em 1928, Mário de Andrade sugeriu que a música era a mais forte criação do povo brasileiro. Sendo assim, era natural que esse clamor pela identidade nacional tivesse se tornado um ponto de disputa durante a ditadura.

Em 1965, a Nelson Oliveira Pesquisas de Mercado (Nopem) começou a monitorar as vendas de discos no Brasil, produzindo relatórios anuais. Ainda que ofereçam dados sobre uma seção muito limitada do complexo mercado musical do Brasil na época, esses números podem ajudar a ilustrar as flutuações no consumo de samba. Em um estudo publicado em 2008, o pesquisador Eduardo Vicente investigou a segmentação desse setor de 1965 a 1999. Usando os números da Nopem, ele argumenta que havia um "surgimento e a consolidação da geração de compositores e intérpretes da década de 1960 que até hoje funciona como o seu mais importante referencial".[72] Vicente se refere a artistas como Chico Buarque, Gilberto Gil e Caetano Veloso, que ele classificou como Música Popular Brasileira (MPB).

---

[71] Ibid.
[72] Vicente, Eduardo. "Segmentação e consumo: A produção fonográfica brasileira — 1965-1999", pp. 103-12.

De acordo com a análise que o pesquisador apresenta dos dados da Nopem, a Bossa Nova estava presente em oito dos cinquenta principais álbuns ou compactos de sucesso de 1965: *A bossa é nossa*, de Miltinho; *Dois na bossa*, de Elis Regina & Jair Rodrigues; *Quem te viu, quem te vê*, de Chico Buarque; *Minha namorada*, de Os Cariocas; *Carcará*, de Nara Leão; *Arrastão*, de Edu Lobo; *Inútil paisagem*, de Nana Caymmi; e *Reza*, do Tamba Trio. Dos cinquenta maiores sucessos naquele mesmo ano, 15 eram estrangeiros, 17, álbuns românticos e seis, de samba. Em 1981, quando *Sorriso negro* foi lançado, 11 eram internacionais, 16, românticos, 15, de MPB e quatro, de samba. O auge da música internacional aconteceu na década de 1970 e o seu declínio, nos anos 1980 e 1990. O samba, por outro lado, estava crescendo aos poucos na década de 1960. O álbum de Elza Soares, *A bossa negra*, lançado em 1961, é um exemplo do descontentamento dos sambistas com essa nova realidade, em que a música "tradicional" brasileira foi substituída por outros ritmos.

A expansão da Bossa Nova e da Jovem Guarda tornou a década de 1960 desafiadora para os compositores de samba tradicionais. A nova geração de astros da música, incluindo Nara Leão, Elis Regina, Gilberto Gil, Caetano Veloso e Maria Bethânia, continuou a gravar sambas. No entanto, álbuns de compositores como Dona Ivone Lara, Nelson Cavaquinho e Cartola nunca chegaram ao topo das paradas. Em 1972, Amaury Monteiro lamentou n'*O Globo* o fim do samba tradicional ao afirmar que para um bom sambista "a noite do Rio é o caminho mais curto" para a sobrevivência.[73] De fato, muitos

---

[73] Monteiro, Amaury. *O Globo*, 2 dez. 1972. Citado em Silva, Marília T. Barboza da e Filho, Arthur L. de Oliveira. *Silas de Oliveira, do jongo ao samba-enredo*.

artistas conseguiram garantir algumas das raras oportunidades disponíveis nas casas noturnas do Rio. Dona Ivone Lara fez shows memoráveis nesses espaços, para plateias lotadas de amantes do samba, incluindo jornalistas, artistas e músicos influentes. Em resumo, foi lá que ela encontrou muitos formadores de opinião que a ajudaram a se tornar uma figura conhecida fora da comunidade do samba na Zona Norte do Rio. "Quando fiz meu primeiro show no Monsieur Pujol, em Ipanema", conta ela, "as pessoas começaram a me conhecer ainda mais lá do que em Madureira".

Ela se tornou uma atração frequente nas casas de Oswaldo Sargentelli, incluindo Sambão, uma das mais populares do Rio de Janeiro na época. Em 1970, com o produtor Adelzon Alves, Sargentelli decidiu reunir no álbum *Sargentelli e o Sambão* os nomes mais celebrados do ritmo que tocavam com frequência no bar. Foi a primeira vez que Dona Ivone gravou sua voz em um álbum. Com a faixa "Sem cavaco, não", escrita em parceria com Mano Décio da Viola, ela deixou sua marca na história do samba. Em "Agradeço a Deus", Sargentelli lhe deu o título de "Dona", ainda que ela tenha tentado recusá-lo. Antes do começo da canção, ele pede a Roberto Carlos, Wilson Simonal, Elis Regina e diversos outros grandes nomes da música brasileira que prestem atenção em "Dona" Ivone Lara. Ela recorda que

> o álbum era excelente, mas quando o escutamos juntos, Sargentelli e Adelzon me chamaram e disseram: "Dona Ivone. De agora em diante seu nome artístico é Dona Ivone Lara." Acho que foi por respeito, porque eles gostavam do meu trabalho, mas respondi: "Dona? Sou jovem demais para isso." Mas eles insistiram e também decidiram mudar a grafia de Yvonne, que se tornou Ivone, para facilitar para o público. Bem... funcionou.

Adelzon Alves lembra que, quando enviou o primeiro álbum de Dona Ivone, *Samba, minha verdade, samba, minha raiz*, de 1978, para a gravadora, o fez sem o conhecimento dela. "Foi como 'Dona', que ela não queria", recorda ele. "E a primeira coisa que vi no noticiário foi um artigo de Sérgio Cabral falando exatamente isso, tecendo mil elogios a ela e mencionando que esse detalhe [chamá-la de Dona] tinha sido necessário, tinha chamado atenção."[74]

Em 1974, Adelzon Alves produziu outro álbum coletivo, *Quem samba fica? Fica*, que trazia "Agradeço a Deus" novamente, fechando o disco, e "Tiê", primeira canção de Dona Ivone Lara, composta com seu primo, Mestre Fuleiro, quando ela estava com 12 anos. Alves produziria os dois primeiros álbuns de Dona Ivone, *Samba, minha verdade, samba, minha raiz* e *Sorriso de criança* (1979). Ela também se tornou residente no show *Noitada de samba*, que acontecia semanalmente no fim dos anos 1970 no Teatro Opinião, em Copacabana. A casa era conhecida como um espaço de resistência à ditadura e recebia os maiores nomes da música brasileira da época. Toda segunda-feira à noite era reservada para o samba. Eram tempos de transição, em que o "ritmo nacional" aos poucos estava perdendo espaço para a Bossa Nova e o Tropicalismo, que flertavam com o jazz e o rock and roll.[75]

O retorno a escrever seu nome com "y" é um sinal inicial da mudança em *Sorriso negro*, primeiro álbum de Dona Ivone Lara

---

[74] Entrevista para o Museu da Imagem e do Som, Rio de Janeiro, 23 jul. de 2008, "Projeto depoimentos para posteridade do MIS".
[75] Para mais informações sobre a Bossa Nova e a Tropicália, ver Naves, Santuza Cambraia. *Da bossa nova à tropicália*.

sem a assinatura de Alves. Sérgio Cabral, seu novo produtor, era um jornalista experiente, escritor, produtor musical, e havia feito a curadoria de álbuns de Baden Powell e Cartola. Cabral conheceu Dona Ivone Lara quando ela se apresentou no show Unidos do Pujol, em 1974, que ele dirigiu com Albino Pinheiro. À primeira audição, pode parecer que Cabral tivesse escolhido preservar uma proximidade em relação ao que Alves havia delineado anteriormente, com sambas e parcerias com Delcio Carvalho, Hermínio Bello de Carvalho, Silas de Oliveira, Bacalhau e Jorge Aragão. Mas não foi o caso. O repertório, bem como os dois convidados especiais, Maria Bethânia e Jorge Ben Jor, marcaram um afastamento nítido dos álbuns anteriores de Dona Ivone. Bethânia e Jorge Ben Jor já eram celebridades e dois dos representantes mais influentes da MPB. A ideia de Cabral era ampliar o público de Dona Ivone para além do mercado consumidor de samba.

Os cinco bailes da história do Rio

As parcerias sempre foram uma parte fundamental dos projetos musicais de Dona Ivone Lara. Ela nunca foi afeita a escrever letras e encontrava nas melodias sua maior força. O mundo do samba propicia essas conexões. É nas rodas e reuniões entre pessoas de comunidades diversas que muitas canções nascem. Quer se originem em improvisações, quer em processos rigorosos de composição, a maior parte dos sambas-enredo é resultado do trabalho de dois ou mais compositores. Foi o caso de "Conferência de São Francisco", também conhecido como "A paz universal", que Silas de Oliveira escreveu com Mano Décio da Viola para a escola de samba Prazer da Serrinha em 1946. A comunidade estava pronta, sabia a letra e estava empolgada com o desfile de Carnaval. No entanto, o presidente, Alfredo Costa, o polêmico sogro de Dona Ivone, decidiu no último minuto que, em vez dele, a escola ia apresentar "Alto da colina". Para Costa, era uma forma de desafiar a imposição de que todas as escolas de samba falassem de temas nacionalistas, uma herança do regime ditatorial do Estado Novo. Para Oliveira, contudo, foi um insulto. Depois desse episódio, ele e outros membros da Prazer da Serrinha decidiram fundar o Grêmio Recreativo Império Serrano.

Ex-professor de português, Oliveira ainda é considerado um dos maiores compositores que o Brasil já teve. Em 2003, o jornal *O Globo* pediu a setenta personalidades do mundo do samba para apontar o melhor samba-enredo de todos os tempos. "Heróis da liberdade", de Silas de Oliveira, ficou na primeira posição. "Aquarela brasileira", também dele, ocupou o terceiro e sua parceria com Dona Ivone Lara e Bacalhau, "Os cinco bailes da história do Rio", o quarto lugar.[76]

Oliveira costumava ficar em casa, sentado, lendo livros de história do Brasil, sozinho, fazendo pesquisas para compor os sambas-enredo. Mais tarde, seus amigos chegavam para beber alguma coisa e colaborar. Reza a lenda que ele doava parcerias, acrescentando o nome de companheiros às suas composições como um agradecimento pelas bebidas e pela

---

[76] "Silas de Oliveira, autor de 'Aquarela brasileira', um dos bambas do samba", *O Globo*, 30 set. 2016. Disponível em: <http://acervo.oglobo.globo.com/em-destaque/silas-de-oliveira-autor-de-aquarela-brasileira-um-dos-bambas-do-samba-20208211#ixzz59MsdnfV3>. Acesso em 2 mar. 2020.

amizade.[77] Para a competição de escolas do Carnaval de 1965, Silas de Oliveira decidiu trabalhar com um parceiro próximo, Bacalhau. Naquele ano ficara decidido, pela primeira vez, que todas as escolas de samba deveriam se concentrar no mesmo tema: os 400 anos do Rio de Janeiro. Um dia, em casa, tranquilos e depois de beber além da conta, Oliveira e Bacalhau empacaram na letra e na melodia. Dona Ivone Lara chegou, cumprimentou os dois e começou a murmurar a partir do que eles tinham criado. Ela resistia à ideia de escrever letras sobre algo previamente determinado ou seguindo uma sinopse. Parecia uma camisa de força. "Sempre preferi as melodias", afirmou ela, "e não foi diferente dessa vez. Para mim, é na música que está o verdadeiro desafio: criar uma bela melodia, de que todo mundo goste e faça as pessoas sentirem coisas. Ser inspirada por ela, essa é a raiz da canção". O resultado da parceria entre os três foi "Os cinco bailes da história do Rio".

A letra descreve os cinco maiores bailes da história da cidade. Começa em 1585, quando o Rio comemorou seu 20º aniversário. Em seguida, acompanha a transferência da capital do país de Salvador para o Rio de Janeiro, em 1763; a conclamação de dom João VI como rei de Portugal, do Brasil e de Algarves, em 1818; o baile da independência do Brasil, em 1822; e o último baile do Império, em 1889. Simbolicamente, todavia, esse samba nunca será lembrado como uma narrativa sobre a tendência à boemia dos monarcas brasileiros. Em vez disso, ele será para sempre um hino feminista. Foi a primeira vez que uma mulher compôs um samba-enredo para uma escola do grupo principal. O Império Serrano e sua comunidade desfilaram

---

[77] Silva, Marília T. Barboza da; Filho e Arthur L. de Oliveira. *Silas de Oliveira, do jongo ao samba-enredo*.

pela avenida Presidente Vargas, perto da Igreja da Candelária, com fantasias caras, lindamente confeccionadas. Ficou claro que a escola tinha entrado para ganhar. Dona Ivone Lara recorda que um dos diretores da ala de compositores da escola afirmou que o Império Serrano tinha nascido lançando inovações e que gostava muito da ideia de continuar levando coisas novas para cada Carnaval. Naquele ano, Dona Ivone Lara era a novidade.

Mas a escola de samba Salgueiro também teve suas peculiaridades, incluindo o uso de novos materiais nas fantasias. Ela desafiou o padrão de contar um capítulo da história do Rio de Janeiro, fazendo isso por meio de *História do carnaval carioca*, da jornalista Eneida de Moraes. O trabalho de Fernando Pamplona e Joãosinho Trinta, na época um carnavalesco em início de carreira, foi tão revolucionário que muitos tradicionalistas exigiram que a plateia vaiasse.[78] Ninguém o fez. O Salgueiro venceu com dez pontos a mais que o Império Serrano, o vice-campeão do Carnaval de 1965. Musicalmente, no entanto, o Império ficou eternizado. "Os cinco bailes da história do Rio", bem mais que "História do Carnaval carioca — Eneida", ainda é lembrado e cantado nas rodas de samba até hoje. O papel vanguardista de Dona Ivone Lara na canção a colocou em uma posição diferente no universo do samba. Daquele momento em diante, ela se tornou oficialmente conhecida como uma compositora de primeira linha, uma artista que fazia parte da comunidade e da história do Império Serrano. Ela também passaria a ser uma permanente fonte de inspiração para as mulheres que testemunhavam uma contestação prática da ideia de que determinados papéis não podiam ser desempenhados por elas.

---

[78] Costa, Haroldo. *Salgueiro: Academia do Samba*.

Para se ter uma ideia do impacto desse samba, recordo uma conversa com o celebrado compositor Zé Luiz do Império Serrano. Ele afirmou que durante o começo da carreira de Dona Ivone Lara, era impensável para uma mulher compor música. O ambiente era muito misógino, e ele declarou duvidar que Dona Ivone tivesse conseguido a mesma notoriedade sem o primo Mestre Fuleiro, bastante respeitado no samba. Zé Luiz ressaltou que ela "começou escrevendo 'Os cinco bailes da história do Rio', um clássico instantâneo, o grande campeão". Discretamente o corrigi, lembrando que o Salgueiro havia se sagrado campeão naquele ano. Ele riu do erro, explicando que, em sua cabeça, "Os cinco bailes" seria sempre o grande vencedor. Pretinho da Serrinha explica que a partir da introdução já é possível saber que se trata de um samba diferente. "É absurdo, impressionante. Ele vai de um tom maior para um menor inesperadamente; é simplesmente incrível. Para ser sincero, eu diria que 70% da riqueza está na melodia. A letra é boa, mas nada de especial. Já a melodia desenha uma linha surpreendente", tão imprevisível quanto quem a compôs.

Em *Sorriso negro*, a canção surge muito diferente do samba-enredo apresentado pelo Império Serrano. Trata-se de uma versão muito mais intimista. O coro feminino lembra o público cantando junto durante os desfiles das escolas de samba. O surdo convida os pandeiros e, juntos, eles começam um rico padrão que dialoga com o "lalaiá" comandado pela voz de Dona Ivone. Novamente, o bloco sonoro substitui o agogô. Há um sentimento de tristeza na primeira parte, com uma estrutura de notas menores contraposta pelo violão de sete cordas. A letra acompanha a sensação de desalento. A cantora pede à celebração popular que traga alegria: "Carnaval, doce ilusão / Dê-me um pouco de magia." Os tons maiores dominam a segunda parte, em que a letra narra os cinco bailes. Na terceira parte, o violão de sete cordas se liberta com divinas "baixarias", a técnica de contraponto e acompanhamento típica do choro. Ao final da canção, os mesmos padrões da introdução reaparecem em uma conclusão que recorda a história cíclica do Brasil.

Adeus de um poeta

Silas de Oliveira nasceu em 1916 e morou a vida toda no bairro da Serrinha, em Madureira, o berço do samba. A rua onde ele passou a maior parte da infância, rua Maroim, hoje se chama rua Compositor Silas de Oliveira. De família conservadora — seu pai era professor e pastor protestante —, ele só descobriu o samba por causa da amizade com Oscar Costa, futuro marido de Dona Ivone Lara e filho de Alfredo Costa, presidente da escola de samba Prazer da Serrinha. Alfredo também era pai de santo, e os ensaios da escola de samba aconteciam no seu terreiro. Mãe Tereza, mãe de Mestre Fuleiro e tia de Dona Ivone Lara, era uma das mulheres mais respeitadas no jongo.[79]

Durante 27 anos dedicados ao samba-enredo, Silas de Oliveira escreveu pelo menos nove canções para três escolas de samba diferentes: Prazer da Serrinha, Império Serrano e Império do Samba, uma escola de Santos, no estado de São Paulo. Ele compôs quatro delas sozinho, dez com Mano Décio e as

---

[79] A palavra jongo vem de *dongo* ou *kimbundu*, uma das línguas bantu. Ele traz em sua estrutura muito da língua africana, incluindo os nomes dos diferentes tambores e palavras como candongueiro, cuíca, gungunar e zambi, que derivam de expressões do Congo e de Angola e são frequentemente usadas nas cerimônias do jongo.

outras com diferentes parceiros. A única com Dona Ivone Lara foi "Os cinco bailes da história do Rio". Para ela, a canção também era um símbolo de sua amizade com Oliveira.

Em *Sorriso negro*, "Adeus de um poeta" recebeu o tipo de atenção ao detalhe que Silas de Oliveira costumava dar às próprias canções. O cavaquinho adorna o pano de fundo, o violão de sete cordas faz ricos contrapontos, enquanto o pandeiro mantém os padrões de fundo que servem de apoio para os vocais. Dona Ivone Lara anuncia, ao final da canção, que "Este samba é uma homenagem ao compositor Silas de Oliveira, poeta maior do Império Serrano". Então, aumentando a tensão dos padrões musicais, ela alterna com o coro feminino e, finalmente, canta junto. Parece um canto de compaixão, em que suas companheiras a acolhem nesse momento difícil, recordando o que aconteceu quase uma década antes, quando ela perdera seu amigo e parceiro. É um apoio que, tanto no arranjo vocal quanto na vida, só parece possível com a sororidade.

O ano de 1972 foi difícil para Silas de Oliveira. Seu samba para aquele Carnaval recebeu uma nota zero do júri e não foi selecionado para representar a escola no desfile. Um de seus amigos, Mirinho, conta que ele nunca mais falou com a diretoria da escola nem com o júri, que, de acordo com o relato, "destruíram Silas". Oliveira se recusou a ir ao desfile e passou a reagir à vida cotidiana com amargura, algo muito atípico para ele. Em 20 de maio do mesmo ano, ele foi a uma roda de samba pensando em ganhar um dinheiro a mais para poder comprar alguns livros para uma das filhas.[80] Silas cantou "Meu drama", "Heróis da liberdade" e "Os cinco bailes da história do Rio", que

---

[80] Silva, Marília T. Barboza da e Filho, Arthur L. de Oliveira. Op. cit., p.115.

encerraria a apresentação. Naquela noite, ele alcançou até as notas mais altas, que costumava evitar. Delcio Carvalho supostamente disse as últimas palavras que Oliveira ouviu: "Uau, Silas, você está cantando como um passarinho."[81] Depois da última canção, ele se sentou, e seus amigos viram quando seu corpo de repente começou a se lançar para a frente. Silas sofrera um infarto fulminante.

Além de "Sorriso negro", "Adeus de um poeta" é a única outra canção incluída em *Sorriso negro* que Dona Ivone Lara não compôs. O autor, Tião Pelado, descreve o respeito e o orgulho que toda a comunidade do samba tinha por Silas de Oliveira e o sofrimento causado por sua morte. Ele se dirige diretamente ao músico: "Tu foste em passo firme em linha reta / Um dos mais perfeitos poetas." A morte de Silas de Oliveira, aos 55 anos, foi devastadora para a comunidade do samba. Tímido, humilde e genial, ele tinha muitos amigos e seguidores, que reverenciavam seu talento e sua honestidade. A edição de 22 de maio de 1972 do jornal *O Globo* descreveu o funeral, no Cemitério Irajá, que recebeu mais de 2 mil pessoas, como uma demonstração de sua notoriedade.

> A voz rouca de Natal da Portela entoou, sozinha, os dois primeiros versos do samba "Heróis da liberdade" — "Passava a noite/ Vinha o dia/ O sangue do negro corria..." — e deu início ao momento mais dramático do sepultamento (...). Logo, o pesado silêncio que se seguira à prece foi substituído pelo canto de todos os sambistas, num andamento mais lento do que costuma ser ouvido na avenida, mas de igual força: "ele morreu numa roda de

---

[81] Ibid., p. 116.

partido-alto, como queria", eram as palavras com que Cartola, da Mangueira, tentava consolar a viúva de Silas, dona Eulália (...).[82]

Alguns dos músicos que compareceram à cerimônia disseram que choveu torrencialmente e aquela tempestade expressava a tristeza e as lágrimas dos moradores da Zona Norte do Rio, que enfrentavam uma perda insuperável.

Delcio Carvalho nunca se esqueceu do funeral de Silas de Oliveira. Ele contou que Dona Ivone era uma das mais chocadas com a perda. "Ela estava triste, chorando muito. Como se não acreditasse no que estava acontecendo." Carvalho era jovem, mas já muito respeitado na comunidade do samba. O marido de Dona Ivone, Oscar, se aproximou e lhe pediu ajuda. Ele disse que amava muito a esposa e não aguentava vê-la sofrendo tanto. "Ah, Delcio, não sei o que vai acontecer com ela, cheia de melodias, sem ninguém para escrever as letras. Agora, sem o Silas, o mundo dela vai ser só tristeza. Você podia ir conversar com ela um pouquinho, certo? Ouvi dizer que você tem escrito uns sambas lindos. O que você acha?" Foi um convite que ele não podia recusar. Os dois passaram a se reunir todos os sábados, quando Dona Ivone não estava trabalhando. Carvalho ficou encantado com as melodias que ela lhe mostrava. Juntos, eles tocaram, cantaram e, aos poucos, formalizaram o que viria a se tornar a principal parceria de ambas as carreiras. A produtora Bertha Nutels recorda que o compositor se apaixonara pelo Império Serrano por causa de Silas de Oliveira, que

---

[82] "Silas de Oliveira, autor de 'Aquarela brasileira', um dos bambas do samba", *O Globo*, 30 set. 2016. Disponível em: <http://acervo.oglobo.globo.com/em-destaque/silas-de-oliveira-autor-de-aquarela-brasileira--um-dos-bambas-do-samba-20208211#ixzz5Ayb5A28O>. Acesso em 2 mar. 2020.

ele considerava o maior de todos os gênios. Seu talento e sua relação com a escola, no entanto, se desenvolveram mais plenamente por conta da parceria "mística" com Dona Ivone Lara.

Me deixa ficar

Como Dona Ivone, Delcio Carvalho também vinha de um ambiente musical. Nascido em Campos dos Goytacazes, no norte do estado do Rio de Janeiro, ele era filho de um saxofonista da Sociedade Musical Lyra de Apolo. O grupo foi fundado em 1870 e continua ativo, apresentando-se em eventos públicos pelo país. No entanto, isso não significava glamour nem dinheiro para a família. Quando garoto, Carvalho trabalhava como cortador de cana. Ele começou a carreira musical cantando em pequenos conjuntos de baile em Campos e se mudou para a capital logo depois de terminar o serviço militar. Decidiu, então, tentar viver como cantor e compositor. De início, Delcio tocou em shows e bares em Duque de Caxias e, em 1970, aos 31 anos, se juntou à ala dos compositores do Império Serrano. Ali, ele se aproximou de seu ídolo, Silas de Oliveira. "Ele era simplesmente louco pelo Silas. Delcio o considerava um gênio supremo. Ele também gostava muito do Mestre Fuleiro. Eles costumavam frequentar os bares da região. Delcio era uma pessoa sociável, e seu maior prazer era ouvir histórias", recorda Bertha Nutels, sua produtora de 1976 até a morte de Carvalho, em 2013. Ele foi o principal parceiro musical de Dona Ivone. Juntos, os dois compuseram seus maiores sucessos. Para os que conhecem o resultado musical desse encontro é até difícil explicar tamanha conexão. O lirismo presente nas melodias dela encontrava ressonância perfeita nas letras dele. Ela costumava brincar que tinha parado de contar o número de colaborações. "Sonho meu" é a mais famosa, mas houve muitas outras, incluindo "Acreditar", "Minha verdade", "Alvorecer" e "Nasci para sonhar e cantar". O processo de composição deles variava, mas em geral Dona Ivone lhe mostrava a música e ele acrescentava a letra.

No começo dos anos 2000, enquanto trabalhava no meu primeiro livro sobre o papel de Dona Ivone Lara como uma pioneira no samba, entrevistei Delcio Carvalho diversas vezes. Ele me contou como esse processo era fascinante e surpreendente até mesmo para ele, depois de décadas. "Ela normalmente compõe a melodia primeiro e então me mostra. Fico sempre impressionado com a clareza de sua música para mim. A melodia comunica exatamente o que ela queria dizer com cada nota. Com isso em mente, escrevo a letra. Quando eu mostro, ela sempre diz que eu entendi exatamente o que ela tinha imaginado." Dona Ivone confirmou:

> Com Delcio acontece uma coisa engraçada. Ele ouve a melodia e parece que fica inspirado a escrever a letra imediatamente. É algo extraordinário. Estamos sempre olhando um para o outro, como se apreciássemos a existência um do outro. Nunca aconteceu de eu ouvir uma de suas letras e não ter certeza, achar que tinha ficado ruim ou não exatamente o que eu esperava. Eu amava todas elas.

Pretinho da Serrinha se lembra de Delcio Carvalho lhe contar que não frequentava a casa de Dona Ivone religiosamente todos os sábados sem motivo. Aquilo era trabalho. Bertha Nutels brinca que Dona Ivone era uma ótima cozinheira e, por essa razão, muitas pessoas iam à casa dela, incluído o Delcio. Mas o tempero estava longe de ser o interesse principal.

Ela resume: "Era uma ligação mística, inexplicável." O músico Leandro Braga defende ser impossível separar Dona Ivone Lara de Delcio Carvalho, uma vez que as músicas dos dois juntos têm uma identidade sobremaneira poderosa. No entanto, ele avalia que a união não era equilibrada. "Em qualquer parceria, a música se impõe à letra: é possível notar uma canção ruim rapidamente, ao passo que é viável esconder uma letra medíocre por um tempo. Além disso, ela é uma intérprete muito consistente. Uma linda mulher negra, grande, sorridente, com um timbre muito específico. É complicado cantar as canções de Dona Ivone depois dela."

Além de ser a mais harmoniosa, a parceria com Delcio Carvalho foi, sem dúvida, a mais frequente de Dona Ivone Lara. No entanto, em *Sorriso negro*, apenas duas canções suas estão presentes: "A sereia Guiomar" e "Me deixa ficar". Ambas são sambas melódicos, mas "Me deixa ficar" parece mais próxima de um pagode. Um trombone faz variados contrapontos às melodias vocais, enquanto a percussão e as cordas dominam a primeira parte da faixa. O coro feminino quase sussurra a letra em uma dinâmica sofrida e sutil. Elas parecem cantar muito próximas do microfone. A voz de Dona Ivone sobressai, projetada acima da linha do compasso.

Em comparação com os álbuns anteriores, ter apenas duas parcerias com Delcio Carvalho é pouco. Em *Samba, minha verdade, samba, minha raiz* havia seis e em *Sorriso de criança*, sete. Um estudo sobre a discografia de Dona Ivone atribui a escassez de colaborações dos dois em *Sorriso negro* ao fato de, na época, Delcio ter acabado de lançar um álbum solo. *Canto de um povo* incluiu "Sonho meu", "Acreditar", "Alvorecer" e "Vai na paz", além de canções escritas com outros parceiros, como Noca da Portela, Barbosa da Silva e Flávio

Moreira.[83] Dona Ivone não teria ficado feliz. Se Delcio, que era "extremamente ciumento de sua parceira, podia cometer essas pequenas (e saudáveis) traições musicais, ela descobriu que também tinha o direito de 'sair por aí'".[84] No fim das contas, no entanto, ela acabou não abraçando essa postura. Além de "Os cinco bailes da história do Rio", uma colaboração então com quase duas décadas de idade, o álbum só incluiu duas outras parcerias: "Tendência", escrita com Jorge Aragão, e "Unhas", com Hermínio Bello de Carvalho.

Unhas

Em 1965, enquanto Dona Ivone Lara entrava para a história como a primeira mulher a assinar a autoria de um samba-enredo oficial, Hermínio Bello de Carvalho ajudava a lançar a carreira de um dos maiores nomes da música brasileira com o musical *Rosa de Ouro*. Clementina de Jesus nasceu em fevereiro de 1901. Até os 63 anos, apesar de uma longa trajetória no samba, ela não havia cantado para um grande público. Clementina dirigiu as escolas de samba Unidos do Riachuelo e Unidos do Engenho Velho, mas, durante a maior parte de sua vida, trabalhou como empregada doméstica. Essa carreira dupla e o fato de ser uma mulher negra que só foi reconhecida por seu talento tardiamente geraram diversas comparações entre ela e Dona Ivone, apesar de as trajetórias de ambas guardarem poucas semelhanças. Juntas, elas gravaram a mais linda das versões de

---

[83] Nobile, Lucas. Op. cit., p. 100.
[84] Ibid.

"Sonho meu". Dona Ivone depois faria uma homenagem à amiga com a canção "Rainha Quelé", escrita com Delcio Carvalho e incluída no álbum *A arte do encontro* (1986), com Jovelina Pérola Negra. Quelé era o apelido de infância de Clementina de Jesus.

Além do sucesso como produtor e diretor musical, Hermínio era compositor. Nascido em 1935, ele foi um prolífico escritor e poeta e é hoje um dos mais respeitados especialistas em música brasileira. A canção "Unhas" foi gravada por outra cantora de renome antes de constar da lista de possibilidades para *Sorriso negro*. Em 1979, Elizeth Cardoso incluiu a faixa no álbum *O inverno do meu tempo*, em uma versão que não deixa nada a desejar, mesmo para os admiradores de samba mais puristas. A progressão harmônica dialoga com a letra, realçando a crueldade crescente de um amante que crava as unhas no coração do eu lírico, para depois "rasgar, esfolar, matar". No entanto, a letra de "Unhas" foi motivo para uma crítica negativa de *Sorriso negro*. Ao relatar que a pessoa amada se comporta tal qual um gavião, "Que quando pica um coração/ É pra esganá-lo de amor", a letra foi alvo do jornalista José Ramos Tinhorão. "Ora, como se sabe, esganar é matar por sufocação. Ao que tudo indica, sufocar um coração com o bico, nem o carcará de João do Vale", sentenciou.[85]

Em *Sorriso negro*, "Unhas" é conduzida por um violão em contraponto com o baixo elétrico. Os instrumentos tradicionais do samba, como surdo, tamborins, tantã e pandeiro, seguem a

---

[85] O crítico se refere à música de protesto "Carcará", de João do Vale o José Cândido, que foi a principal canção do musical *Opinião* e ajudou a lançar a carreira de Maria Bethânia, em 1965. A interpretação ainda é lembrada como revolucionária. Tinhorão, José Ramos. "D Ivone Lara mostra em 'Sorriso negro' suas qualidades de cantora". "O Sorriso negro dos 60 anos de Dona Ivone Lara". *O Globo*, 15 abr. 1981.

melodia principal. Assim que Dona Ivone Lara começa a cantar, surgem dois acordes dissonantes. Ao longo da música, notam-se uma bateria delicada, um bloco sonoro cheio de vivacidade e uma linha de baixo marcada. Quando a cuíca se junta à bateria, parece um samba típico do Rio de Janeiro. No entanto, a atmosfera de um partido-alto tradicional soa mais solta e criativa, com um arranjo modernoso na parte final da canção, quando Dona Ivone canta "Você, ah, você", para em seguida convidar o tantã a se juntar a ela, enquanto brinca com a melodia e diz "Vai, tan tan tan", no que pode ser interpretado como uma imitação do som do batuque ou como um chamado ao instrumento de mesmo nome.

Hermínio Bello de Carvalho recorda que conheceu Dona Ivone Lara anos antes de os dois se tornarem parceiros musicais. As melodias dela sempre o atraíram. Diferentemente da dinâmica comum à maior parte de suas colaborações com Delcio de Carvalho, em "Unhas" Hermínio mostrou a letra para Dona Ivone, que acrescentou a melodia depois. Eles só fizeram duas composições juntos. A outra, "Mas quem disse que eu te esqueço", é um dos maiores sucessos de ambos. Zeca Pagodinho, Mart'nália, Beth Carvalho, Áurea Martins e muitos outros gravaram versões da canção. A letra também anuncia a tristeza avassaladora das dores do amor e sugere que, ainda que fosse caso de vida ou morte, o eu lírico não conseguiria esquecer o ser amado ("Puseram a faca em meu peito/ Mas quem disse que eu te esqueço").

O mesmo processo de composição aconteceu em ambas as canções: Hermínio escreveu a letra, a apresentou como uma obra literária a Dona Ivone e esperou.

> Lembro que com "Mas quem disse que eu te esqueço" estávamos em Brasília, trabalhando em um projeto juntos, o projeto Pixin-

guinha, acho. Eu estava dividindo um quarto com Sidney Miller. Estávamos esperando, conversando, quando Dona Ivone Lara passou por nós. Eu tinha planejado mandar o poema para Sérgio Ricardo, mas mostrei para ela, que imediatamente me disse que ia compor a melodia.

Meses depois, Dona Ivone Lara telefonou para Hermínio com a notícia. "'Ei, parceiro', anunciou ela, 'a canção está pronta, mas já vou avisar, ficou muito longa, então cortei umas partes'. Eu disse a ela para fazer o que quisesse, claro. Foi uma alegria tão grande que ela estivesse compondo outra canção comigo".

Tendência

Assim como Hermínio teve dificuldades de recordar o processo exato de criação de "Unhas", Jorge Aragão não se lembra da composição de "Tendência". Em um programa exibido pela TV Brasil em 2011, ele contou que Dona Ivone certa vez lhe apresentou uma música impressionante. "Essa é Dona Ivone Lara!", exclamou ele, encantado. Dona Ivone o fitou incisivamente, esperando que ele dissesse alguma coisa. Nada. Ela, então, perguntou: "Sabe de quem é esse samba?" "Não é seu?", respondeu ele. "Ah, tá. Então posso ficar com ele só para mim? Esse samba é seu também, você não se lembra? Você fez ele comigo lá em Santos." Jorge Aragão riu, e Dona Ivone brincou que, se quisesse, poderia ter roubado a faixa.[86] A confusão, até mesmo

---

[86] O programa foi transmitido pela TV Brasil. A parte em que os dois conversam sobre "Tendência" está disponível em: <https://www.youtube.com/watch?v=ilOZXwRB8C4>. Acesso em 2 mar. 2020.

para o coautor, é compreensível. "Tendência" segue as melodias românticas e sofisticadas que se tornaram a marca registrada de Dona Ivone. Como Aragão não se lembra de tê-la composto, Pretinho da Serrinha, que conhece profundamente o trabalho de ambos os artistas, arrisca um palpite sobre sua origem: "O refrão é 100% Dona Ivone Lara. A melodia é dela, sem dúvida. Talvez ele tenha feito a letra, mas a melodia, com certeza não é dele, porque as melodias do Jorge Aragão não são assim, com tudo tão conectado. Com exceção do começo da canção, com aquelas notas graves... isso provavelmente é do Aragão."

Nascido em 1949 na região suburbana de Padre Miguel, no Rio de Janeiro, Jorge Aragão da Cruz tornou-se conhecido do grande público em 1976, quando Elza Soares gravou "Malandro", que Aragão tinha composto com João Batista Alcântara quase uma década antes. Alcântara, conhecido como Jotabê, foi quem o apresentou ao mundo do samba. Aragão sempre foi uma figura discreta, porém ativa. Ele foi um dos fundadores do Cacique de Ramos e do Grupo Fundo de Quintal. Em *De pé no chão* (1978), Beth Carvalho gravou "Vou festejar", composição dele, de Edel Ferreira de Lima (Dida) e de Neoci Dias de Andrade. A gravadora Ariola lançou seu primeiro disco solo, *Jorge Aragão*, em 1981.[87]

Sua importância para o samba, no entanto, começou muito antes. Os encontros entre Aragão e seus parceiros em Olaria, no subúrbio do Rio de Janeiro, foram transformadores para a carreira deles e a música brasileira. Como descrito na primeira parte deste livro, seu grupo, Fundo de Quintal, levou o samba de volta à mídia e ao mercado musical mainstream no fim

---

[87] Pimentel, João. *Jorge Aragão: O enredo de um samba.*

dos anos 1970. Mais do que isso, eles reinventaram o gênero, promovendo encontros musicais, criando novos instrumentos e transformando o ritmo. De início, o grupo era formado por Aragão, Sombrinha, Sereno (inventor do tantã), Ubirany (criador do repique de mão), Almir Guineto (um dos maiores sambistas de todos os tempos, tocava um instrumento híbrido: um banjo com braço de cavaquinho), Noeci (filho do venerado compositor de samba João da Baiana) e Bira Presidente. "Foi uma revolução para a cultura brasileira. Naquela época, as rádios estavam privilegiando música estrangeira, e nós mudamos isso. O samba foi revitalizado. Dona Ivone Lara, Beth Carvalho, Zeca Pagodinho e tantos outros. Todos tinham uma relação próxima com o Fundo de Quintal", ressalta Bira Presidente.

O Fundo de Quintal se tornou uma influência seminal no trabalho de Dona Ivone e *Sorriso negro* é um dos álbuns que representam isso de maneira mais clara. "Não lembro nem se tocamos na gravação do disco porque fazíamos praticamente tudo juntos. Então eu diria que sim. O que eu sei é que tocamos no show. Na verdade, tocamos com Dona Ivone Lara por décadas, viajamos o mundo juntos, como convidados dela ou convidando-a para tocar conosco", recorda Bira.[88]

---

[88] Quando entrevistei Bira Presidente, eu esperava que ele preenchesse todas as lacunas na minha pesquisa e me contasse quem eram os músicos que tocaram no álbum, já que tal informação não está presente no encarte do disco nem na ficha técnica da gravadora. No entanto, ele disse que não conseguia se recordar porque tinha gravado com Dona Ivone em quase todos os trabalhos dela. Contei que havia encontrado algumas críticas que mencionavam sua participação no show de *Sorriso negro*. Ele então alegou que se lembrava do show e deduziu que ele e seus colegas do Fundo de Quintal também estivessem na gravação do disco.

A influência do Fundo de Quintal na gravação de "Tendência", em *Sorriso negro*, é nítida. Levados pelos tamborins, diversos instrumentos tradicionais do samba permeiam o fundo, montando uma cozinha completa. No entanto, a melodia, bela e sofisticada — uma característica das composições tanto de Jorge Aragão quanto de Dona Ivone Lara —, vai além do samba tradicional. Flautas com um padrão cromático flertam com outros gêneros. Às vezes o cavaquinho conduz a linha melódica e os contrapontos. Em outros momentos, quem o faz é o piano de Helvius Vilela (1941-2010), conhecido músico e compositor de jazz e Bossa Nova. De 1964 a 1967, ele foi membro do Tempo Trio. Também trabalhou com Milton Nascimento, Carlos Lyra, Edu Lobo, Elizeth Cardoso, Quarteto em Cy e, mais frequentemente, Rosinha de Valença. Em *Sorriso negro*, ele conduz duas faixas: "Me deixa ficar" e "Alguém me avisou". Todas as outras, incluindo "Tendência", foram conduzidas e arranjadas por Rosinha de Valença. "Tendência" é, no entanto, a canção em que os elementos do samba e a Bossa Nova se entrelaçam mais visivelmente.

Ao final da faixa, o cavaquinho ocupa uma posição mais frontal, com a flauta se contrapondo à voz de Dona Ivone. Há uma liberdade que quase remete o ouvinte a uma improvisação de jazz. Em alguns momentos, "Tendência" soa como um partido-alto típico, com um cavaquinho alto e majestoso. Em outras ocasiões, o piano, vigoroso, sugere uma certa tensão. A letra completa a certeza de que se trata de mais um coração partido e o eu lírico reclama do péssimo comportamento da pessoa amada. Primeiro, no refrão, diz que o ser amado invadiu sua vida apenas para usar e abusar, fazendo "o que quis". Em seguida, refere-se à crueldade: "Não me comove o pranto de quem é ruim." No final, no entanto, quando a tensão entre o cavaquinho e o piano se resolve, a letra segue a história de amor harmônica para anunciar o perdão: "Se precisar pode me procurar." Depois do embate, o violão de sete cordas amarra a conclusão sozinho, encerrando o diálogo musical.

A letra de "Tendência", sobre uma história de amor triste, mas esperançosa, pode levar aqueles que não têm familiaridade com o trabalho de Aragão a pensar que ele compõe canções românticas. Ele o faz majestosamente, mas essa é apenas uma pequena parte de sua prolífica carreira. Em 1986, alguns anos depois da gravação de "Tendência", Aragão compôs um de seus sambas de maior sucesso, "Coisa de pele", em que ele homenageia sua ascendência negra e proclama estar na hora de os negros brasileiros celebrarem sua raça. Ele também afirma que "Foi bom insistir, compor e ouvir/ Resiste quem pode à força dos nossos pagodes". Influenciado pelo movimento negro, ele escreveu diversas outras canções sobre o racismo no Brasil, incluindo a assertiva "Identidade" (1992). Um de seus maiores sucessos, a canção problematiza o abismo social simbolizado pela existência do elevador de serviço na sociedade brasileira. O compositor incentiva os negros a resgatar a força que mora em sua identidade e ancestralidade e a não aceitar ser subjugados pela expressão recorrente "preto de alma branca", para que se tornem protagonistas de sua própria existência. Na época de *Sorriso negro*, tais debates estavam em ebulição.

: PARTE 3

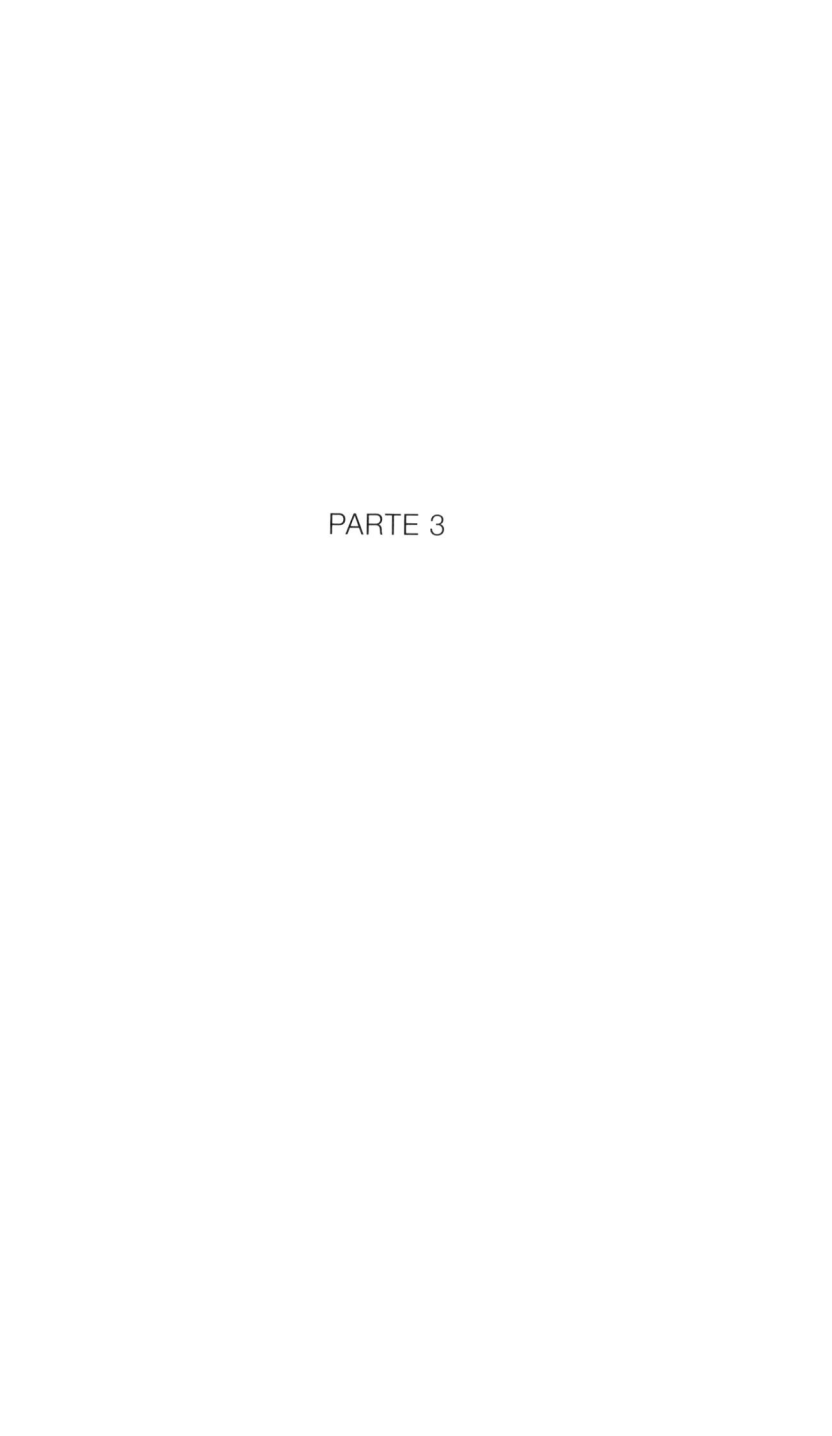

Sorriso negro

Uma pessoa não familiarizada com a história da igreja católica Irmandade Nossa Senhora do Rosário dos Pretos, em Salvador, Bahia, sem dúvida ficaria impressionada com os tambores e as letras de seus hinos religiosos. Muito além de mensagens de redenção nas mãos de Deus, dali emanam discussões sobre respeito, orgulho e identidade negra. Uma canção que se tornou famosa na voz de Dona Ivone Lara, passou a integrar as missas toda semana, descrevendo o poder de um sorriso negro e como ele é capaz de trazer alegria a todos em volta. O hino de louvor também sugere que uma pessoa negra "sem emprego, fica sem sossego" e proclama: "Negro é a raiz da liberdade." Na letra, a palavra "negro" ora se refere a uma pessoa negra, ora se refere a toda a raça, ora à cor negra. A canção lista diversas razões pelas quais ser uma pessoa negra é motivo de orgulho. Trata-se de "Sorriso negro", música de Adilson Barbado, Jorge Portela e Jair do Cavaco, imortalizada por Dona Ivone.[89]

---

[89] As canções e os hinos da igreja foram registrados no álbum *Rosário dos Pretos — Cânticos*, compilação, 1999.

A Irmandade Nossa Senhora do Rosário dos Pretos foi fundada em 1685 e reconhecida oficialmente como uma Ordem Terceira em 1899.[90] É uma das igrejas mais visitadas do Pelourinho, bairro considerado Patrimônio Histórico da Organização das Nações Unidas para a Educação, a Ciência e a Cultura.[91] No entanto, não se trata de uma instituição católica comum. Em vez de cerimônias convencionais, ela celebra missas com dança e música afro-brasileiras. O site oficial descreve, orgulhosamente, "uma associação religiosa, sem fins lucrativos, de pessoas católicas de ambos os sexos, de cor negra, de conduta ilibada e que praticam como bons cristãos os mandamentos de Deus e da Igreja". Ao longo do tempo, essa irmandade forte e tradicional formada em torno de uma santa patrona acabou por adquirir um cunho cultural, já que sempre foi um espaço de fortalecimento de identidade e preservação da cultura afro-brasileira. Instituições desse tipo tiveram papel fundamental no século XVII no Brasil.

A irmandade negra possibilitava um grau mais alto de sincretismo, que adotasse tanto as religiões afro-brasileiras quanto o cristianismo e acolhesse pessoas escravizadas de diferentes partes da África — no caso da Nossa Senhora do Rosário dos Pretos, principalmente do Congo e de Angola. Elas se tornaram

---

[90] Ordem Terceira é uma associação de religiosos que seguem os ideais e o espírito da Igreja Católica, mas não pertencem nem à Primeira Ordem (por exemplo, os freis dominicanos, franciscanos e agostinianos) nem à Segunda Ordem (freiras enclausuradas).

[91] O Iphan confirma que a cidade de Salvador conseguiu preservar muitas construções renascentistas impressionantes. Um destaque especial da Cidade Alta são as casas coloridas, muitas vezes decoradas com ornamentos em estuque. Disponível em: <http://portal.iphan.gov.br/pagina/detalhes/35/>. Acesso em 6 jul. 2020.

espaços organizados nos quais comunidades de africanos e afrodescendentes podiam contar com ajuda em situações práticas do dia a dia, de questões de saúde a dificuldades com a língua. Também eram locais onde debates sobre identidade ocorriam e desempenhavam papel fundamental no desenvolvimento da consciência negra durante o regime colonial. João José Reis escreve sobre o

> valor que tiveram como instrumentos de resistência. Permitiram a construção ou a reformulação de identidades que funcionaram como um anteparo à desagregação de coletividades submetidas a imensas pressões. Mesmo que tenham sido seletivas nas alianças que promoveram, mostraram em muitos casos ser possível a convivência na diferença, sem prejuízo da capacidade de resistir. Seu limite maior, evidentemente, foi a própria escravidão, que, entretanto, não foi aceita sem críticas.[92]

As irmandades negras também desempenharam o papel de fortalecer o cristianismo numa época de crise para o catolicismo na então capital do Brasil. Elas contribuíram para a afirmação dos sacramentos da Igreja e a preservação da devoção aos santos. Salvador foi capital por mais de dois séculos, de 1549 a 1763. Como o principal porto do tráfico de pessoas escravizadas, a cidade se tornou um caldeirão de culturas africanas, europeias e ameríndias. Ainda que seja difícil definir o número exato de africanos forçadamente transplantados para o Brasil que desembarcaram na Bahia, as estimativas ultrapassam 1,3 milhão.

---

[92] Reis, João José. "Identidade e diversidade étnicas nas irmandades negras no tempo da escravidão", pp. 7-33; 18.

No entanto, a cidade estava destinada a se tornar mais do que o centro do tráfico e do mercado internacional. Ela também era o cerne do comércio local. A região do Recôncavo Baiano conta com uma geografia que possibilitou conexões com cidades vizinhas a Salvador e ligadas à produção de açúcar no Nordeste, criando, assim, uma rede vibrante entre o Brasil urbano e o rural. Nesses ricos cruzamentos, músicas e danças africanas floresceram.

O fato de "Sorriso negro" fazer parte da liturgia e das celebrações da Irmandade Nossa Senhora do Rosário dos Pretos é um testemunho de sua forte simbologia para a comunidade afro-brasileira. Durante a missa, a canção é tocada depois de o padre dizer "A paz do Senhor esteja sempre convosco" e instruir os fiéis a oferecer um ao outro um sinal de paz, "saudai-vos em Cristo Jesus". Nas igrejas católicas brasileiras, é comum que as pessoas se abracem e se beijem nesse momento. Na Nossa Senhora do Rosário dos Pretos, isso se dá ao som de "Sorriso negro" cantada em uníssono pela congregação.

Enquanto se cumprimentam, eles sorriem, saboreando a melodia em uma versão mais lenta, e batem palmas no ritmo dos tambores africanos que compõem a banda da igreja. No álbum *Rosário dos Pretos — Cânticos* (1999), Dona Ivone Lara gravou a faixa com o Ilê Aiyê, grupo fundado em 1974 em Salvador, que se desenvolveu como um renomado bloco afro que aborda temas da cultura africana e promove a beleza da negritude.[93]

---

[93] J. Velloso produziu *Rosário dos Pretos — Cânticos* em 1999, e "Sorriso negro" é a 14ª faixa. Outros celebrados artistas negros, como Chico César, Filhos de Gandhi, Dona Edith do Prato, Margareth Menezes e Olodum também gravaram canções para o álbum.

Não é coincidência que Dona Ivone Lara tenha decidido incluir a canção — que ela não compôs — em *Sorriso negro* e tenha dado o mesmo nome ao álbum. A letra afirma que as pessoas negras são lindas, inspiradoras e devem ser respeitadas. Ela também defende que a escravidão, o silêncio e o luto fazem parte da história de opressão da comunidade negra. Há quem diga que as palavras soem excessivamente simples e diretas. Os versos de abertura declaram que um sorriso negro e um abraço negro têm o poder de trazer felicidade ao mundo e "negro sem emprego fica sem sossego". A clareza, no entanto, deve ser interpretada como urgência, já que ela carrega as aspirações essenciais do movimento negro no Brasil: igualdade social, respeito e o fim do racismo. A cantora Juliana Ribeiro explica que, quando alguém canta sobre sua própria história, existe um nível de propriedade que não se pode dimensionar. "Quando Dona Ivone Lara canta 'Sonho meu', trata-se de uma história de amor, algo com que qualquer um pode se identificar. Mas quando ela afirma que negro é lindo, canta sua própria história, leva a letra a um lugar diferente, que só pode ser alcançado por alguém com lugar de fala que carregue a música, a cultura e a experiência afro-brasileiras."[94]

A filósofa, ativista e dramaturga Thereza Santos empreendeu uma poderosa busca por identidade dentro do movimento

---

[04] Para mais informações sobre a discussão acerca do lugar de fala, ver Ribeiro, Djamila. *O que é lugar de fala?* Na p. 8, ela afirma que "não há uma epistemologia determinada sobre o termo lugar de fala especificamente, ou melhor, a origem do termo é imprecisa, acreditamos que ele surge a partir da tradição de discussão sobre *feminist stand point* — em uma tradução literal, 'ponto de vista feminista' —, diversidade, teoria racial crítica e pensamento decolonial". Ver também Wodak, Ruth. *Discursive Construction of National Identity*, pp. 75-83.

negro brasileiro. Ela argumenta que o mito da democracia racial, aliado à arbitrariedade das designações de raça no Brasil (no censo, elas incluem "chocolate", "café com leite", "mulato" e "canela", entre outras), resultou no descolamento da população afro-brasileira em relação à consciência negra.[95] Santos afirma que um dos objetivos centrais do movimento negro era denunciar o "genocídio praticado contra os negros em suas diferentes formas: os assassinatos cometidos pela polícia, as condições sub-humanas geradas pela completa falta de acesso aos meios mais elementares de sobrevivência; a esterilização das mulheres negras; o genocídio mental praticado por meio de estigmas e estereótipos que destroem a autoestima e a dignidade negras".[96]

Segundo o conceito de *resistência pela existência*, pode se dizer que Dona Ivone Lara não se envolveu no ativismo político, embora *Sorriso negro* fosse — e ainda seja — um instrumento de difusão do empoderamento negro. No entanto, apesar de não exigir a igualdade de maneira direta ou explícita, ela influenciou diversas mulheres que vieram depois a se envolver em atividades até então consideradas exclusivamente masculinas. O conceito mais amplo de ativismo intelectual, que Patricia Hill Collins define como "a miríade de maneiras como as pessoas colocam o poder de suas ideias a serviço da justiça social", dificilmente se aplica ao caso dela.[97] Dona Ivone não fala de justiça

---

[95] Santos, Thereza. "The Black Movement: Without Identity There Is No Consciousness or Struggle", pp. 23-30.

[96] Para mais informações acerca do debate que tenta elucidar o racismo no Brasil e desmistificar o mito da democracia racial, ver Abdias do Nascimento, bem como Twine, France Winddance. *Racism in a Racial Democracy: The Maintenance of White Supremacy in Brazil.*

[97] Collins, Patricia Hill. *On Intellectual Activism*, p. ix.

social. Ela simplesmente afirma sua identidade. Mesmo assim, ao fazê-lo, gera um considerável impacto social. Se, como Thereza Santos, Abdias do Nascimento e tantos outros líderes do movimento negro no Brasil afirmaram, os afro-brasileiros sofreram com o subdesenvolvimento da consciência racial, a biografia de uma mulher como Dona Ivone tem papel central na construção da identidade negra brasileira.

Um sorriso para dois

Ao escrever sobre "Sorriso negro", a pesquisadora Katia Santos compara Dona Ivone Lara à figura de um *griot*, "um membro de uma classe de poetas, músicos e contadores de história itinerantes que mantinham a tradição da história oral em partes da África Ocidental".[98] A analogia se justifica pelo fato de Dona Ivone abraçar a missão de transmitir para várias gerações os sentimentos da comunidade negra brasileira. A decisão de não apenas incluir essa canção, mas também de dar ao álbum o mesmo nome, demonstra como a necessidade de expressar os sentimentos dos negros brasileiros era inevitável e inadiável para ela. Santos destaca o fato de a letra ser quase ingênua, mas, ao mesmo tempo, ser um reconhecimento, necessário para a época, da humanidade das pessoas negras.

Adilson Barbado, um dos autores da composição, revela que muitas pessoas ainda acreditam que Dona Ivone Lara tenha escrito "Sorriso negro". A capa do álbum cita apenas dois dos compositores, Adilson Barbado e Jorge Portela, um indício

---

[98] Santos, Katia Regina da Costa. "Dona Ivone Lara: Voz e corpo da síncopa do samba", p. 96.

de que até para a Warner Music, a autoria não estava clara. Leandro Braga explica que a atribuição equivocada faz sentido. "É o nome do disco, ficou popular depois que foi gravada por ela e tem algumas características em comum com sua obra: a primeira parte é mais flutuante, com notas longas, acima do sincopado rítmico, enquanto a segunda parte é mais agitada, com notas mais curtas. E também há 'saltos' em ambas as partes." Barbado comenta que a confusão não o incomoda porque, ainda que não tenha sido composta por Dona Ivone, a canção pertence à voz dela.

Não apenas à voz dela, mas à de Jorge Ben Jor, que à época ainda usava apenas o nome Jorge Ben. Jorge Duilio Lima Menezes nasceu no Rio de Janeiro em 1942. Sua mãe tinha ascendência etíope e o pai é descrito pelo artista como o resultado de uma "mistura europeia". Nos anos 1960, ele se apresentava no beco das Garrafas, onde diversos músicos de destaque da Bossa Nova ficaram conhecidos, incluindo Rosinha de Valença. Mas Jorge Ben não tocava Bossa Nova. Ele também afirma que não é um sambista, apesar de reconhecer que é capaz de escrever "sambas muito bons".[99] Sua música já foi descrita como samba-rock, funk, samba esquema novo e tantas outras classificações que talvez seja mais honesto simplesmente afirmar que ele tem um estilo único, que incorpora um pouco de tudo. O pesquisador Luiz Tatit resume os anos 1970 como uma época em que a música brasileira se desvencilhou dos "gêneros rítmicos predefinidos", e Jorge Ben foi a representação maior dessa ausência de amarras.[100]

---

[99] O artista mudou seu nome para Jorge Ben Jor em 1989. Para mais informações, ver Sanches, Pedro Alexandre. "Jorge Ben Jor, o Homen Patropi", revista *Trip*, 10 nov 2009, pp. 15-26.

[100] Tatit, Luiz. *O século da canção*, p. 229.

A libertação deveu muito à força e ao legado do Tropicalismo, movimento surgido no fim da década de 1960 liderado por grandes nomes da música brasileira, como Os Mutantes, Tom Zé, Caetano Veloso, Gilberto Gil, Gal Costa e Torquato Neto. A ideia central era incorporar os princípios do "Manifesto antropofágico". Publicado em 1928 pelo poeta Oswald de Andrade, o texto apontava como a maior força do Brasil o exercício do canibalismo cultural, a ingestão e transformação de diferentes influências que acabavam por gerar algo único. Os tropicalistas flertavam com o rock, o samba, o teatro e a poesia. Apesar de não se identificar como um integrante do movimento do qual foi contemporâneo, Jorge Ben é apontado como uma influência central do Tropicalismo graças à sua mistura pioneira de múltiplas referências musicais e literárias.

Na época de *Sorriso negro*, Jorge Ben já tinha lançado alguns de seus trabalhos mais notáveis, incluindo *A tábua de esmeralda* (1974), *Solta o pavão* (1975) e *África Brasil* (1976). Este último explora profundamente estilos musicais afro-brasileiros e afro-americanos. Em *África Brasil*, ele substituiu, pela primeira vez, o violão pela guitarra em todas as faixas de um disco. No entanto, como em trabalhos anteriores, instrumentos de percussão estavam na linha de frente e no cerne do álbum. Timbales, surdo, congas e cuíca criaram um suingue sem precedentes naquela época.

Muitas letras se relacionam diretamente com a África. A primeira faixa, "Ponta de lança africano (Umbabarauma)", trata de um jogador de futebol africano. Também nesse álbum encontramos a história de Xica da Silva, brasileira escravizada que se tornou rica e poderosa nas Minas Gerais do século XVIII.[101]

---

[101] Chica da Silva (ou Xica da Silva) nasceu em 1732, em Minas Gerais. Ela foi tema de filmes, novelas, desfiles de Carnaval e diversos trabalhos

Zumbi dos Palmares — um quilombola que liderou a comunidade dos Palmares e lutou contra a escravidão no Brasil — é o tema de "África Brasil (Zumbi)", em que o cantor diz "eu quero ver o que vai acontecer quando Zumbi chegar".[102] Em um artigo sobre o álbum *África Brasil*, Luciana Xavier de Oliveira o classifica como um divisor de águas depois do qual o compositor enveredou por um caminho cada vez mais distante da MPB para abraçar um estilo mais pop. O movimento mirava um mercado de ouvintes mais jovem e amplo, "usando estratégias de marketing mais ousadas para obter vendas mais altas e consolidar seu lugar no *mainstream* da música brasileira".[103]

A multiplicidade de referências presentes na música de Jorge Ben Jor também fica evidente na versão de "Sorriso negro" feita por ele e Dona Ivone Lara. A afro-brasilidade da canção encontra, já no início, um belo padrão de dedilhado no violão de sete cordas. Os instrumentos de percussão criam diferentes cores e sonoridades conforme são tocados com baqueta. De repente, uma concertina invade o conjunto. O samba tradicional está presente com o surdo fazendo o chamado do samba e a cuíca gritando em resposta, como uma alma em sofrimento. Tamborins, cavaquinho, violão, baixo, uma percussão de samba completa — todos os instrumentos típicos do ritmo estão ali. Dona Ivone Lara e Jorge Ben Jor cantam em um modelo

---

acadêmicos. Ver Furtado, Júnia Ferreira. *Chica da Silva: A Brazilian Slave of the Eighteenth Century*.

[102] Zumbi também é a figura central em um dos mais famosos sambas-enredo da Vila Isabel, "Kizomba, festa da raça" (1988), de Rodolpho, Jonas e Luís Carlos da Vila. Ver Mello, Marcelo de. *O enredo do meu samba — A história de quinze sambas-enredo imortais*.

[103] Oliveira, Luciana Xavier de. "*África Brasil* (1976): uma análise midiática do álbum de Jorge Ben Jor", pp. 158-74; 164.

de chamado e resposta ao qual a concertina às vezes serve de contraponto.

Eles parecem estar sorrindo abertamente no decorrer da canção. Num dado momento, Ben Jor declara "Dona Ivone Lara no terreiro", uma referência ao local onde se realizam celebrações, festas ou cultos das religiões afro-brasileiras. Mais adiante, ela improvisa: "Ai, São Jorge, vai chover na minha horta". A brincadeira faz referência ao santo, xará de Jorge Ben Jor e também um dos mais importantes do sincretismo brasileiro, associado a Ogum, deus da guerra no candomblé e na umbanda. A canção termina com todos cantando juntos e um acorde final incomum para o samba tradicional, acenando para a Bossa Nova, com sétimas e nonas.

De início, todavia, a canção foi pensada como um samba tradicional. Adilson Barbado recorda que ele, Jorge Portela e Jair de Carvalho a escreveram aos poucos, em cerca de um mês, no fim dos anos 1970. Ele não se lembra da data exata, mas reconhece que o ambiente cultural da época — de questionamento do racismo e da desigualdade racial — foi a principal fonte de inspiração. "A ideia era mostrar quanto as pessoas negras trabalham, todos os desafios que enfrentam, e como eram felizes apesar disso tudo." A ideia de felicidade diante da adversidade aparece como algo positivo, ainda que isso tenha sido foco de muita discussão. Nos Estados Unidos, muitos viam a expressão sorridente de Louis Armstrong, por exemplo, como um sinal de complacência.[104] No Brasil, grupos de rap

---

[104] Mais recentemente, no entanto, pesquisadores começaram a olhar para isso como, potencialmente, uma forma diferente de ativismo, mais próxima do que chamo de *resistência pela existência*. A principal fonte desse debate é *Domination and the Arts of Resistance*, de James C. Scott. Para um debate específico sobre o conceito na carreira

contemporâneos, como o Racionais MC's, incorporaram o ativismo e rejeitam qualquer ideia de subserviência e passividade.[105] Não consegui encontrar, contudo, traços desse tipo de crítica em relação a "Sorriso negro" no Brasil dos anos 1980. O sorriso, aqui, era considerado mais uma celebração da beleza da negritude do que um sinal de submissão.

Na época em que a música foi composta, Adilson Barbado trabalhava na Bolsa de Valores do Rio de Janeiro. Jorge Portela e Jair de Carvalho estavam aposentados. Barbado lembra que eles cantaram "Sorriso negro" em uma roda de samba; Dona Ivone Lara ouviu e pediu a fita. "Algumas pessoas na cena do samba conheciam a letra, mas foi quando ela a gravou que a canção se tornou um enorme sucesso. Acho que é por causa da voz dela. Ela é a canção. Ela é negra." Para Barbado, o nome do álbum foi o que transformou a música em um hino da luta contra o racismo no Brasil.

Em seu depoimento para o Museu da Imagem e do Som do Rio de Janeiro, em 2008, Dona Ivone Lara ofereceu uma versão diferente. Ela contou que a canção lhe foi apresentada por um parente de seu marido que chegou à sua casa "com um cavaquinho com três cordas [riso]. Mas ele estava cheio de si. Um ótimo compositor. Na verdade, ele era um ótimo compositor. E disse: você vai gravar um álbum, então escute essa música, 'Sorriso negro', que eu escrevi. Quero que você grave".[106] Ela

---

de Armstrong, ver Reiff, Melanie. "Unexpected Activism: A Study of Louis Armstrong and Charles Mingus as Activists Using James Scott's Theory of Public versus Hidden Transcripts".

[105] Gessa, Marília e Pardue, Derek. *Racionais MCs' — Sobrevivendo no inferno*. Rocha, Arthur Dantas. *Racionais MC's — Sobrevivendo no Inferno*.

[106] Entrevista para o Museu da Imagem e do Som, Rio de Janeiro, 23 jul. 2008, "Projeto depoimentos para posteridade do MIS".

enfatizou tratar-se de uma "'Sorriso negro' totalmente diferente. Achei muito estranho; ele falava de tantas coisas. Então eu disse, 'sabe, eu não gosto de política, então você não vai se importar se eu incluir uma coisinha aqui e outra ali, certo? Não quero uma colaboração; não precisa incluir meu nome nem nada".[107]

De acordo com esse testemunho, ela cantou a composição pela primeira vez em São Paulo, numa celebração de 13 de maio, Dia da Abolição da Escravatura. Ela afirma, ainda, que o sucesso imediato se deveu à sua intervenção e que "a canção é minha, mas a letra é dele, mas é completamente diferente. Até hoje, quando as pessoas dizem 'Sorriso negro', de Dona Ivone Lara, explico que 'Sorriso negro' não é minha. Tenho minhas outras colaborações".[108]

Ela também rejeitava a ideia de que a música deveria ser usada para informar as pessoas ou mobilizar o público, como defende Leci Brandão, compositora e atual deputada estadual por São Paulo. Em uma entrevista, Leci declarou que jamais deixa de se manifestar contra o racismo. "Eu vou para a tribuna e falo mesmo. Quando vejo meninas negras elas falam: 'A senhora me representa.'"[109] Apesar dessa diferença, ela acredita que a existência, a atitude e o sucesso de Dona Ivone se engajam em uma narrativa do feminismo e do movimento negro no Brasil. Para a cantora Mart'nália, "Sorriso negro" simboliza as tensões raciais no país. "É uma forma de unir negros e brancos

---

[107] Ibid.
[108] Ibid.
[109] Cavicchioli, Giorgia. "Leci Brandão: Todas nós, mulheres negras, temos a mesma história". *IstoÉ*, 30 mar. 2018. Disponível em: <https://istoe.com.br/leci-brandao-todas-nos-mulheres-negras-temos-a-mesma-historia/>. Acesso em 2 mar. 2020.

por meio do samba, praticamente forçando todo mundo a cantar que negro é lindo." Ela defende que as supostas simplicidade e ingenuidade da letra são um instrumento de empoderamento. "Não tem como uma pessoa cantar que um sorriso negro não traz felicidade", brinca ela. "É muito direto, muito político. É quase uma armadilha. Enquanto canta, a pessoa está afirmando que nós, negros, somos a engrenagem da coisa toda, que o samba é negro, é feminino." Pretinho da Serrinha admite cantar a composição como um manifesto político. "É um samba lindo, mas, mais do que isso, é uma declaração clara. Dizer que negro é uma cor que deve ser respeitada nunca vai ser ingênuo. É uma afirmação forte e corajosa. É ensinar uma lição, proclamar que *negro é a raiz da liberdade.*"

Samba e ditadura

Em meados dos anos 1970, Candeia, Dona Ivone Lara, Clementina de Jesus e outras figuras do samba apresentaram o que o programa de televisão *Fantástico* chamou de "um protesto dos sambistas contra a invasão da soul music". Para esses artistas, a rejeição às ideias do pan-africanismo ou do movimento pelos direitos civis dos Estados Unidos foi uma escolha consciente, assim como o repúdio ao gênero musical americano.[110] Como Steve Bocskay afirma no artigo "Sou mais o samba", os três famosos sambistas, ao lado de tantos outros e de "dançarinos e pessoas comuns, declararam com orgulho não sua identidade

---

[110] Antônio Candeia Filho. "Sou mais o samba — Candeia". Disponível em: <https://www.youtube.com/watch?v=8q9OlqfgHZE>. Acesso em 22 jul. 2020.

afro-brasileira, mas sua identidade nacional brasileira".[111] Dona Ivone aparece no programa tocando prato e faca e cantando versos que explicitamente declaram uma recusa em se identificar como africana ou norte-americana.

No fim dos anos 1960, quando ela se tornara uma presença constante na cena do samba do Rio de Janeiro, o ritmo já havia deixado de ser perseguido e era considerado há tempos um dos principais símbolos da cultura brasileira. O regime militar coincidiu com uma segunda era de ouro do samba, período em que, além de Dona Ivone, Martinho da Vila, Zé Kéti, Paulinho da Viola e muitos outros músicos se tornaram parte do *mainstream*. O samba se reafirmou como a maior representação da brasilidade, apoiado, inclusive, na oposição à soul e à black music. Durante a ditadura, o ritmo foi explorado politicamente como elemento central da identidade brasileira. Na Copa do Mundo de 1970, no auge da violência de Estado, o compositor de samba Miguel Gustavo escreveu a marcha "Pra frente Brasil", pedindo a união de toda a nação para impulsionar a seleção brasileira. A obra se tornou a canção-tema do regime militar.

A letra de "Sou mais o samba" coincidia com a tese da ditadura: abraçar o samba para conter a ampliação de debates sobre raça. Para o Conselho Nacional de Segurança do Brasil, documentar ou sugerir a existência de racismo no país era, em si, um ato subversivo. Diversos pesquisadores que discutiam o tema acabaram sendo forçosamente aposentados de cargos em escolas e universidades. O surgimento da soul music no Rio de Janeiro se tornou tema de uma discussão nacional sobre o que deveria ser ou não considerado uma afronta à ditadura. Paulina

---

[111] Bocskay, Stephen. "Undesired Presences", p. 74.

Alberto recorda um artigo publicado pelo *Jornal do Brasil* no qual a jornalista Lena Frias cunhou o termo "Black Rio".[112] Frias aludia a um orgulho "importado" de ser uma pessoa negra, uma referência ao movimento pelos direitos civis.[113] Paulina argumenta que a febre da dança no Brasil provocou debates sobre terminologia e identidade racial e a real extensão do racismo predominante no país, que àquela altura parecia mais próximo dos Estados Unidos do que parte da sociedade brasileira queria admitir.[114] As festas de soul music também confundiam a polícia. Os agentes acreditavam que estrangeiros, em especial norte-americanos, orientavam o movimento. Eles presumiam que fosse impossível que brasileiros tivessem desenvolvido tais ideias.[115]

Dona Ivone Lara se firmava como um símbolo nacional, do que era genuína e originalmente brasileiro. Enquanto isso, Antônio Candeia Filho e Manaceia lideravam o movimento para pre-

---

[112] Alberto, Paulina L. "When Rio Was Black: Soul Music, National Culture, and the Politics of Racial Comparison in 1970s Brazil", pp. 3-39.

[113] Frias, Lena. "Black Rio: O orgulho (importado) de ser negro no Brasil", *Jornal do Brasil*, 17 jul. 1976.

[114] Para mais detalhes sobre esse debate, ver Hanchard, Michael George. *Orpheus and Power*. Twine, France Winddance, *Racism in a Racial Democracy*. Andrews, George Reid. *Blacks & Whites in São Paulo, Brazil, 1888—1988*.

[115] Alberto, Paulina L. Op. cit. O movimento Black Rio mobilizou legiões de afro-brasileiros nos anos 1970. Inicialmente inspirado pelo funk americano, o estilo foi além da música e se tornou uma revolução social e política que tinha como objetivo afirmar o orgulho negro e rejeitar o racismo e a desigualdade racial. Músicos como Tim Maia, Cassiano, Hyldon, Gerson King Combo, Dom Mita, Sandra de Sá e Toni Tornado, bem como grupos como Banda Black Rio e Banda União Black, são alguns dos nomes mais importantes do movimento. Para mais informações, ver Peixoto, Luiz Felipe de Lima e Sebadelhe, Zé Octavio. *1976: Movimento Black Rio*, e Dunn, Christopher. *Contracultura*.

servar o "verdadeiro samba", com um apego especial ao partido-alto. "O partido-alto, como eu já disse antes, é a expressão mais autêntica do samba", afirma Candeia na primeira cena do documentário de Leon Hirszman, *Partido alto*, de 1982, que registrou a cena do samba em meados dos anos 1970.

No entanto, essa cruzada para preservar a tradição brasileira que seduziu até a esquerda — semelhantemente ao apelo da manifestação contra a guitarra elétrica —, não estava totalmente afastada da ideia de que o samba e a negritude caminhavam lado a lado. Dmitri Cerboncini Fernandes afirma que a influência do movimento pelos direitos civis e a incorporação da identidade negra no Brasil, na verdade, potencializaram a ideia do samba não apenas como um símbolo nacional, mas também como uma marca das tradições afro-brasileiras.[116] Ele cita como exemplo a fundação, em 1975, do Grêmio Recreativo de Arte Negra e Escola de Samba Quilombo, uma liga a que diversos sambistas se juntaram, incluindo o próprio Candeia, Paulinho da Viola e Elton Medeiros. As visões divergentes de Fernandes e Bocskay revelam a complexidade da posição desses músicos durante uma época em que as tensões entre raça e nacionalismo se intensificavam. O chamado para rejeitar a terminologia racial dos Estados Unidos e, ao mesmo tempo, reconhecer a virulência do racismo no Brasil complicou a expansão do movimento negro.[117]

---

[116] Fernandes, Dmitri Cerboncini. "A negra essencialização do samba", pp. 132-56.
[117] Para mais informações sobre esse debate, ver Santos, Thereza. "The Black movement"; Nascimento, Abdias; Skidmore, Thomas E. *Black into White: Race and Nationality in Brazilian Thought*; Fontaine, Pierre Michel. (org.). *Race, Class, and Power in Brazil*. Monteiro, Helene. "O ressurgimento do Movimento Negro no Rio de Janeiro na década de 70".

Apesar de a ditadura não ter perseguido ou exilado sambistas na mesma proporção que artistas de outros gêneros, o grupo não estava livre da opressão. As escolas de samba mudaram para resistir. Em 1969, para o primeiro Carnaval depois de decretado o AI-5, Silas de Oliveira compôs com Mano Décio da Viola e Manuel Ferreira o samba-enredo oficial do Império Serrano. "Heróis da liberdade" era sobre a Inconfidência Mineira. Os compositores tiveram de alterar um verso, considerado uma crítica ao regime.[118] A canção narra uma situação em que estudantes e professores cantavam a liberdade recém--conquistada enquanto ao longe ouviam o barulho dos soldados e dos tambores. Citava uma chama que o ódio não podia extinguir. "É a revolução em sua legítima razão", um verso que os compositores foram obrigados a alterar para "É a evolução em sua legítima razão".

Silenciando um movimento

A rejeição à música internacional ecoou nos discursos de nacionalismo que predominavam durante a ditadura e inspirou investigações sobre a transformação do samba em símbolo nacional. O antropólogo Hermano Vianna analisa os acontecimentos que potencialmente elevaram o ritmo, outrora considerado prova de vadiagem, a fonte de orgulho brasileiro. Vianna recorda um encontro entre um grupo de homens brancos que representavam

---

[118] Octavio, Chico; Jupiara, Aloy. "Sambas-enredo enfrentaram o regime militar", *O Globo*, 10 set. 2013. A matéria também faz menção à censura de uma canção de Martinho da Vila e ao monitoramento da escola de samba Salgueiro.

o mundo da *intelligentsia* e da arte erudita do Brasil nos anos 1930 —Gilberto Freyre, Sérgio Buarque de Holanda, Villa-Lobos e Luciano Gallet — e renomados músicos negros das áreas mais pobres do Rio de Janeiro — Pixinguinha, Donga e Patrício Teixeira. Ele menciona uma certa tendência à sinceridade do brasileiro, que o torna "honesto o suficiente para se reconhecer profundamente afetado pela influência negra".[119] Havia então um espírito nacional mobilizado pelo desejo de promover a unidade política. O político Afonso Arinos, o primeiro a escrever uma norma contra o racismo, no começo dos anos 1950, resumiu essa busca por um símbolo nacional como uma necessidade iminente para uma nação quebrada.[120] Arinos afirmava que o "Brasil é tão regionalizado que, para que as províncias não sejam absolutamente estranhas umas às outras, é preciso um grande esforço para fortalecer a unidade moral do país".[121]

A publicação de *Casa-grande & senzala*, de Gilberto Freyre, causou comoção no Brasil no começo dos anos 1930 — e segue em pauta em pesquisas acadêmicas em todo o mundo. Em 1946, na época da primeira impressão da tradução para o inglês nos Estados Unidos, alguns críticos o consideraram o melhor livro já escrito sobre o Brasil. Ainda que àquela altura ele não ti-

---

[119] Vianna, Hermano, pp. 129-36.
[120] Para mais informações sobre essa legislação, ver Grin, Monica, e Maio, Marcos Chor. "O antirracismo da ordem no pensamento de Afonso Arinos de Melo Franco", pp. 33-45. Os autores argumentam que "Arinos buscou mudar a questão racial, de um debate político, para uma questão moral. A luta contra o racismo, uma vez traduzida em convenções morais e éticas inspiradas pela visão tradicional de um país racialmente harmônico, deveria inibir a crescente atmosfera de conflito racial, em vez de reconhecer as demandas sociopolíticas do Movimento Negro".
[121] Arinos, Afonso. *Obra completa*, pp. 883-95.

vesse cunhado o termo democracia racial, Freyre contribuiu para a aceitação da ideia de que os brasileiros viviam em um país livre do racismo. Um dos seus argumentos centrais era de que a miscigenação, endossada e aceita, estava diretamente ligada à religião, à identidade e à formação do Estado no Brasil. O escritor descreveu o sistema jesuíta como "talvez a mais eficiente força de europeização técnica e de cultura moral e intelectual, a agir sobre as populações indígenas".[122] O que Freyre passou a chamar de "lusotropicalismo" — a promoção portuguesa da miscigenação e adaptação natural dos lusitanos aos trópicos — teria sido fundamental para a formação do Estado brasileiro. Os ibéricos, ele afirmava, possibilitavam maior autonomia à população negra, convidando-a a integrar a sociedade brasileira com suposta facilidade. O sistema legal aqui seria mais condescendente com a população de origem africana e a alforria, muito mais frequente. Segundo Freyre, a miscigenação não gerava um terrível dano "eugênico". Ao contrário, ela era a criadora de uma sociedade "superior". A ideia de que uma intensa mistura racial pudesse explicar o "atraso" brasileiro começou a ser substituída por outro mito: o de que no país não havia racismo.[123]

---

[122] Freyre, Gilberto, p. 78. Os jesuítas fundaram missões pelo interior do Brasil, desenvolvendo a infraestrutura que serviu de base para as cidades brasileiras. O rei português João III enviou a ordem católica Companhia de Jesus em 1549 para a então colônia numa tentativa de colonizar e desenvolver a área. Sua missão era educar e evangelizar os grupos indígenas, e seu método incluía o trabalho forçado dos povos originários e sua conversão ao catolicismo.

[123] Essa ideia também foi fundamental para o desenvolvimento do movimento modernista brasileiro. Para mais informações sobre a música nesse período, ver Naves, Santuza Cambraia. *O violão azul. Modernismo e música popular.*

Emília Viotti da Costa ressalta que Gilberto Freyre não foi o único responsável por essa ilusão. A noção de um país sem divisões raciais acompanhava o Brasil havia anos. Para Viotti da Costa, a identidade nacional brasileira forjava-se sob um projeto da elite no qual grupos subalternos tinham um papel mínimo e o domínio dos latifundiários era latente. Ela sugere que a população escravizada tinha um grau extremamente discreto e limitado de agência e autonomia.[124] De acordo com a historiadora, a demora na proibição da escravidão no Brasil também estava relacionada à crença na democracia racial. Quando a abolição de fato chegou, foi por razões econômicas, como as mudanças nas relações de mercado, a exportação de produtos e a mecanização, que requeriam um mercado consumidor mais amplo e uma estrutura de trabalho mais eficiente.

Para Sérgio Buarque de Holanda, os brasileiros são um povo cordial que se apoia em uma forma de negociação baseada na rejeição do confronto.[125] É uma estratégia de interação sutil e amigável, um fingimento que, de fato, obtém resultados. Florestan Fernandes se refere ao uso da democracia racial para esconder o racismo como "o preconceito de não ter preconceito". Ele argumenta que, ao presumir e reforçar a ausência de racismo, o governo brasileiro falhou em combatê-lo. O mito da democracia racial é, fundamentalmente, uma estratégia da elite para preservar seus privilégios por meio do silenciamento dos conflitos sociais.[126]

---

[124] Costa, Emília Viotti da. *Da senzala à colônia*.
[125] Holanda, Sergio Buarque de. *Raízes do Brasil*.
[126] Fernandes, Florestan. *Capitalismo dependente e classes sociais na América Latina*, e Fernandes, Florestan. *A integração do negro na sociedade de classes*.

O movimento negro brasileiro nunca foi um simples amálgama das ideias que surgiram em outros movimentos negros do mundo, especialmente nos Estados Unidos. É possível perceber, inclusive, que a influência foi mútua. O movimento pelos direitos civis dos anos 1950 e 1960 serviu de modelo para os brasileiros, que viriam a criar instituições com objetivos semelhantes na década de 1970. No entanto, muitas organizações contemporâneas norte-americanas foram fortemente influenciadas pela circulação das ideias do Atlântico Negro.[127] A Frente Negra Brasileira (FNB), por exemplo, foi uma referência essencial para o movimento pelos direitos civis nos Estados Unidos desde os anos 1930.[128]

---

[127] Uma das principais críticas a *O Atlântico Negro*, de Paul Gilroy, refere-se à exclusão do Brasil da narrativa. A ausência do país do Atlântico com a maior população escravizada pode ser lida como mais uma ocasião em que ele aparece como um simples recebedor de influência externa, uma narrativa que diversos pesquisadores questionaram, criticaram e, por fim, provaram ser insuficiente. Gilroy, Paul. *O Atlântico Negro: Modernidade e dupla consciência*. Para uma tentativa de descentralizar a narrativa do movimento pelos direitos civis, ver: Pereira, Amílcar Araújo. "Influências externas, circulação de referenciais e a constituição do movimento negro contemporâneo no Brasil: idas e vindas no 'Atlântico Negro'", pp. 215-36; Pinho, Patricia de Santana. "Descentrando os Estados Unidos nos estudos sobre negritude no Brasil"; Sansone, Livio. "Negritudes e racismos globais? Uma tentativa de relativizar alguns dos novos paradigmas 'universais' nos estudos da etnicidade a partir da realidade brasileira", pp. 227-37; Gledhill, Sabrina. "Expandindo as margens do Atlântico Negro: Leituras sobre Booker T. Washington no Brasil", pp. 122-48.

[128] Pereira, Amílcar Araújo. "Linhas (da cor) cruzadas: Relações raciais, imprensa negra e Movimento Negro no Brasil e nos Estados Unidos", pp. 109-26.

O movimento negro dos anos 1970

As origens do movimento negro no Brasil podem remontar aos quilombos, agrupamentos de pessoas escravizadas que conseguiam escapar e resistiam à opressão do governo, detentor do comércio de escravos do Ocidente. Outros afirmam que ele só se tornou um movimento organizado com a fundação da FNB e do Teatro Experimental do Negro, nos anos 1940. Contudo, durante a ditadura civil militar (1964-1985), a crítica ao racismo podia resultar em uma acusação de subversão, e o pensamento foi enfraquecido e desmobilizado.[129] Somente na década de 1970, com a abertura e a possibilidade de que todos os exilados voltassem para casa, essas organizações ressurgiram com força. Influenciado pela luta pelos direitos civis nos Estados Unidos e impulsionado pelo questionamento ao mito da democracia racial, o movimento negro no Brasil trouxe uma pauta que se concentrava no orgulho de ser um brasileiro negro e na rejeição do embranquecimento como forma de inclusão social.[130]

Em 1978, uma série de acontecimentos tornou a negação do racismo no Brasil insustentável. Em abril, policiais de São Paulo torturaram e mataram um trabalhador de 27 anos, Robson Silveira da Luz. Ele foi acusado de roubar frutas em uma feira, uma narrativa semelhante à dos crimes raciais nos Esta-

---

[129] Instituições importantes nasceram durante o regime, como o Centro de Cultura e Arte Negra (Cecan), fundado em 1972; os jornais negros *Árvore das Palavras* (1974), *O Quadro* (1974) e *Nagô* (1975); bem como o Instituto de Pesquisa das Culturas Negras (IPCN), criado em 1976. Para mais informações, ver Domingues, Petrônio. "Movimento Negro Brasileiro", pp. 100-22.

[130] Santos, Joel Rufino dos. "O movimento negro e a crise brasileira", pp. 287-307.

dos Unidos. Em maio, em outro episódio de racismo explícito, quatro garotos negros foram expulsos do Clube de Regatas Tietê. Ainda que os grandes jornais da época não tivessem dado muito espaço a esses fatos, a publicação marxista *Versus* fez uma ampla cobertura deles.[131] Em reação, o Movimento Unificado Contra a Discriminação Racial (MUCDR) fez sua primeira aparição pública de peso, liderando uma manifestação em São Paulo. Em julho do mesmo ano, mais de 2 mil pessoas se reuniram para protestar contra o racismo no Brasil.[132]

O MUCDR logo se tornaria MNU — Movimento Negro Unificado. Lélia Gonzalez, ao lado de outro fundador do Teatro Experimental do Negro, Abdias do Nascimento, decidiu que "contra a discriminação racial" poderia ser o lema; mas o nome do grupo deveria ser voltado exclusivamente para as pessoas negras.[133] Pouco a pouco, o MNU se tornou uma grande instituição. Várias assembleias nacionais aconteceram em todo o país, reunindo ativistas do Rio de Janeiro, da Bahia, de São Paulo, de Minas Gerais e do Espírito Santo.

O movimento criou uma série de pequenas organizações chamadas Centros de Luta (CL), que consistiam em "um mínimo de cinco pessoas que aceitavam os estatutos e o programa do MNU e promoviam debates, informações, conscientização e a organização das pessoas negras".[134] Os centros atuavam

---

[131] A organização Convergência Socialista publicava a *Versus*, que incluía uma seção chamada "Afro-Latino-América". Para mais informações, ver Covin, David. "Afrocentricity in O Movimento Negro Unificado", pp. 126-44.
[132] Gonzalez, Lélia. "The unified Black movement: A new stage in Black political mobilization".
[133] Valberti, Verena e Pereira, Amílcar Araújo (orgs.). *Histórias do Movimento Negro no Brasil: depoimentos ao CPDOC*.
[134] Gonzalez, Lélia. "The unified Black movement", p. 125.

onde se encontrassem afrodescendentes, incluindo espaços de trabalho e terreiros de candomblé. Ao final dos anos 1970, o movimento estava mais forte do que nunca, com protestos e conferências acontecendo quase semanalmente. Em outubro de 1979, o MNU organizou um enterro simbólico da Lei Afonso Arinos, que proibia a discriminação racial no Brasil.[135]

A força do MNU fazia parte de uma mudança mais ampla na sociedade brasileira. Ainda que o desenvolvimento do Black Rio não possa ser considerado um movimento político organizado, ele estabeleceu um novo nível de conscientização racial que teve um impacto mais abrangente na moda, na dança e, sem dúvida, na música brasileira.[136] As artes se tornaram fundamentais na afirmação do orgulho racial negro. Em 1976, Milton Nascimento lançou o single "Raça", que abria o álbum *Milton*. Os versos citam diversos ícones da cultura afro-brasileira, incluindo o ator Grande Otelo, o compositor de samba Monsueto e a cantora Clementina de Jesus. Milton Nascimento define a negritude, entre outras coisas, como "É Clementina cantando bonito/ As aventuras do seu povo aflito".

Em 1982, quase em paralelo com *Sorriso negro*, surgiu a gravação de Sandra de Sá de "Olhos coloridos", em que uma pessoa afro-brasileira cheia de orgulho canta que "A verdade é que você (e todo brasileiro)/ Tem sangue crioulo". O autor da música, Macau, conta que a compôs depois de ter sido preso pela Polícia Militar durante um evento no Estádio de Remo da Lagoa, no Rio de Janeiro. O orgulho da pele negra aparece

---

[135] Jesus, Ilma Fátima de. "O pensamento do MNU — Movimento Negro Unificado".
[136] Peixoto, Luiz Felipe de Lima e Sebadelhe, Zé Octavio. *1976: O Movimento Black Rio*. Dunn, Christopher. *Contracultura*.

também na obra de Jorge Aragão. Em 1986, o compositor — e coautor de "Tendência" com Dona Ivone Lara — gravou "Coisa de pele", mencionada anteriormente por relembrar a comunidade de Quilombo dos Palmares. Na canção, Aragão convida o ouvinte a romper, enfim, os vínculos com o passado e com a influência internacional, entendendo que "nem tudo o que é bom vem de fora". O músico afirma que "não dá pra fugir dessa coisa de pele", exalta a "arte popular" e propõe que os negros brasileiros tomem as rédeas, produzindo o show e assinando a direção, assumindo o protagonismo das respectivas vidas. *Sorriso negro* surge nesse momento de contestação e conscientização. Ao incorporar e amplificar essas questões, logo se tornaria um símbolo da renovação da identidade negra no Brasil.

Axé de langa

Um exemplo dessa transformação mais ampla pode ser visto em "Axé de langa", última faixa de *Sorriso negro*. Repleta de referências ao candomblé, ao jongo e à ancestralidade africana, a canção foi composta numa época em que as lembranças que Dona Ivone tinha da África estavam mais vivas do que nunca. Em 1980, ela se juntou a cerca de sessenta pessoas que, lideradas pelo cantor e compositor Chico Buarque e pelo produtor Fernando Faro, viajaram a Angola para se apresentar nas comemorações de 1º de Maio, que marca o Dia do Trabalhador no Brasil e no país africano. O convite veio de Agostinho Neto, o primeiro presidente de Angola (1975 a 1979) e líder do Movimento Popular pela Libertação de Angola (MPLA) na guerra pela independência de Portugal. Ele também foi um notável poeta de seu país.

A turnê foi chamada de "Projeto Kalunga", uma palavra de origem banta que faz referência a uma deidade ligada à morte, ao mar e ao inferno. O calunga está presente no folclore de ambos os países. O jornal *O Globo* chamou a turnê de "a maior caravana musical-artística que já se apresentou internacionalmente".[137] Além de Dona Ivone Lara, outros nomes aclamados da música brasileira embarcaram no Boeing 707 da TAAG (Transportes Aéreos Angolanos) rumo a Luanda. Entre eles estavam Dorival Caymmi, Martinho da Vila, Djavan, Elba Ramalho, Wanda Sá, Geraldo Azevedo, Clara Nunes, Edu Lobo, João do Vale, João Nogueira e Miúcha. Dona Ivone viajou em um dos assentos da frente, perto de Francis Hime, Olivia Hime, do cineasta Ruy Guerra, de Chico Buarque e da família do cantor. A área foi apelidada por Djavan de "sala de estar".[138]

A essa altura, Brasil e Angola compartilhavam não apenas o idioma e o passado colonial, mas também manifestações culturais contemporâneas. As novelas brasileiras *O bem-amado* e *Gabriela* eram grandes sucessos no país africano. A música brasileira era ouvida nas ruas. A jornalista Dulce Tupy, que fez um diário detalhado da viagem, recorda que o grupo visitou fábricas de cerveja e de tecidos, o Museu da Independência e o Museu de Antropologia.[139] Eles lamentaram não terem conseguido ir ao Museu da Escravidão, que passava por uma reforma. Tupy também destaca diversas outras similaridades entre

---

[137] "Projeto Kalunga: A música brasileira em Angola", *O Globo*, 14 maio 1980.
[138] História, imagens e entrevistas sobre o projeto Kalunga foram disponibilizadas on-line como parte da Memória do Projeto Kalunga nos arquivos do Museu Afro-Digital. Disponível em: <http://www.museuafrorio.uerj.br/?work=memoria-do-projeto-kalunga>. Acesso em 2 mar. 2020.
[139] Tupi, Dulcy. *Foi bonita a festa, pá*.

os dois países. Um dia, o barco que levava os artistas para um passeio quebrou no meio da viagem. Muitos passageiros consideraram o imprevisto uma oportunidade para se divertir e pularam no mar: "Outro barco veio rebocar o barco para levá-lo de volta para a doca, onde alguns soldados descarregavam outra embarcação. Voltamos para a ilha. Um coro misto de brasileiros e angolanos cantou 'Saudosa maloca', de Adoniran Barbosa, e 'Sei que é covardia', de Ataulfo Alves."

Dona Ivone Lara foi a última a subir ao palco no primeiro show, em 10 de maio. Martinho da Vila a apresentou ao público e, "com giros harmoniosos e uma musicalidade espontânea, ela recebeu os aplausos mais sinceros".[140] O grupo se apresentou em Benguela e Lobito antes de voltar a Luanda. No show final, depois da performance de Dona Ivone Lara, todos os artistas voltaram ao palco e cantaram "Sonho meu". Os músicos angolanos Filipe Mukenga, Ruy Mingas e Waldemar Bastos também se juntaram aos brasileiros.

"Axé de Ianga" transporta o ouvinte até Angola com sua levada de jongo, um símbolo de africanidade preservado na Serrinha, região onde Dona Ivone foi criada.[141] A área tem orgulho de manter a tradição africana, que teve origem no Congo e em Angola.[142] Pessoas escravizadas de origem banta trouxeram o ritmo para o Brasil e ele se disseminou na área do rio Paraíba do Sul, que abrange os estados do Rio de Janeiro, de São Paulo e de Minas Gerais. Nos anos 1960, Mestre Darcy decidiu montar

---

[140] Ibid.

[141] Valença, Rachel Teixeira e Valença, Suetônio Soares. *Serra, Serrinha, Serrano, o império do samba*.

[142] Para uma discussão sobre o uso moderno da palavra "jongo" e suas dimensões como lugar de fala no Brasil, ver Dias, Paulo. "O lugar da fala: Conversas entre o jongo brasileiro e o ondjango angolano", pp. 329-67.

um grupo formal, o Jongo da Serrinha, para transformá-lo em um movimento cultural organizado.[143] Algumas das tradições da música e da dança desapareceram em nome da preservação do jongo pelas gerações. Por exemplo, as crianças passaram a participar das rodas. Durante a infância de Dona Ivone ela não podia estar presente em celebrações do jongo. A razão era que a música tradicional tem pontos que fazem uso de uma linguagem poética, enigmática e metafórica à qual se atribuíam poderes mágicos. No passado, os praticantes temiam que as crianças não fossem capazes de decifrá-los para cessar o feitiço.[144] Com medo de que o jongo desaparecesse — ele hoje sobrevive em apenas algumas comunidades no estado do Rio de Janeiro —, os mais velhos decidiram evitar as palavras místicas e permitir que todos entrassem na roda. Dona Ivone recordava que, na infância, se limitava a ouvir o ritmo de longe, imaginando aquele universo proibido. Ela prestava muita atenção aos relatos dos que acompanhavam o ritual. Muitos contavam que no instante em que sua tia Tereza entrava na roda todo mundo parava para admirá-la.

Na letra de "Axé de langa" diz-se que era Tia Tereza, mãe de Mestre Fuleiro, quem contava histórias sobre o avô de Dona Ivone Lara. A canção descreve como ele tirava os "irmãos" do tronco e os banhava com abô, uma mistura de plantas e ervas usada em diversos rituais do candomblé. A outra mulher mencionada na letra é Vovó Maria, também conhecida como Vovó Maria Joana, a mãe de santo e fundadora da Tenda Espírita Cabana de Xangô, dedicada à umbanda. Ela também foi uma das fundadoras do Império Serrano. Para Dona Ivone Lara, o jongo

---

[143] Gandra, Edir. *Jongo da Serrinha: Do terreiro aos palcos*.
[144] André, Marcos e Menezes, Luciane. *Jongo do Quilombo São José*.

deveria ser levado a sério, não apenas por causa dos mistérios que incorporava, mas também por seu apreço pelas tradições: "A gente tinha medo de desrespeitar aquilo, sabe? Não era só medo do pior, do feitiço, mas de desapontar os mais velhos e arruinar aqueles costumes que nossos ancestrais tinham carregado com eles por tanto tempo."[145]

Também é notável na letra a influência das línguas bantas presentes em Angola e no Congo. Para Nei Lopes, o jongo faz parte de uma "tradição de música negra" do Rio de Janeiro, resultado dos fluxos migratórios das populações escravizadas das plantações de cana-de-açúcar e café.[146] Kazadi Wa Mukuna estabelece um paralelo entre o jongo e o samba, afirmando que o primeiro é uma versão mais antiga do segundo.[147] Mart'nália destaca que "Axé de langa" não é uma obra-prima por causa da melodia, mas por causa do batuque. "É uma espécie de mantra religioso", diz ela, uma afirmação da ideia de Muniz Sodré sobre o predomínio dos tambores como forma de resistência.[148] Pretinho da Serrinha concorda que a simplicidade da canção é típica de qualquer jongo, com um refrão fácil de memorizar, a ser cantado em uníssono por todos os participantes da roda. "Para nós, da Serrinha, o jongo é um movimento de resistência cultural. Ele se tornou muito mais aberto à mudança como uma estratégia de sobrevivência."

Nesse sentido, a vida de Dona Ivone Lara segue a história do jongo: adaptar-se para sobreviver. De modo único, ela repre-

---

[145] Ibid.
[146] Lopes, Nei. *O negro no Rio de Janeiro e sua tradição musical: Partido-alto, calango, chula e outras cantorias*, p. 68.
[147] Mukuna, Kazadi Wa. *Contribuição bantu na música popular brasileira*, p. 62.
[148] Sodré, Muniz.

sentou uma figura "verdadeiramente brasileira" conectada com a África, a Europa e as culturas indígenas. Estudou música clássica com Lucília Villa-Lobos, mas adotou o cavaquinho (afinado como bandolim) como seu instrumento principal. Tornou-se um ícone de tradições populares e afro-brasileiras usando ferramentas oriundas da música erudita europeia. Bisneta de uma mulher escravizada, ela manteve em si essas linhas tênues entre mente e corpo, sagrado e profano, discrição e radicalismo.

Epílogo

Dona Ivone Lara faleceu em 16 de abril de 2018. Foi numa terça-feira excepcionalmente fria em Nova York. No dia anterior, uma amiga havia me mandado uma mensagem do Rio de Janeiro para contar que Dona Ivone tinha sido hospitalizada e estava se recusando a comer. Não era comum ela abrir mão de algo à toa, então entendi que estava, mais uma vez, fazendo as coisas "porque queria". Acordei na manhã seguinte e me deparei com diversas mensagens de amigos me informando de seu falecimento. Eu estava na fase final de edição da versão norte-americana deste livro, umas duas semanas antes do prazo final para envio do original à editora. Passei o dia dando entrevistas e falando sobre Dona Ivone Lara. Em todas elas, tentei me certificar de que ela não seria lembrada como uma vítima desafortunada da sociedade brasileira, uma mulher doce e subserviente. Para mim, a inclinação de reduzi-la a essa definição é uma prova do fato de que ainda não estamos prontos para reconhecer a intensidade da sua independência. Dona Ivone Lara foi a protagonista da própria biografia. Não permitiu que o destino assumisse o comando — a menos que, de alguma forma, ela assim o quisesse.

Ela foi uma das maiores estrelas da música brasileira. "Dona" — que tanto pode significar "senhora" quanto "proprietária"

— foi um título que ela incorporou com talento e ousadia, mas também com uma resiliência que lhe permitiu navegar as tensas relações de gênero do universo do samba. Dona Ivone rejeitou a ideia de que as mulheres não podiam ocupar determinados espaços. Um de seus álbuns mais aclamados, *Sorriso negro* nos convida a um debate crítico sobre a relação entre samba, gênero e raça no Brasil. Estudar a carreira desbravadora dessa mulher afro-brasileira que conquistou o mundo masculino dos compositores de samba é uma forma de entender a complexidade das relações sociais contemporâneas.

O samba é componente e símbolo de uma sociedade extremamente desigual. Como tal, ele segue tendências e percepções enquanto, ao mesmo tempo, cria e recria regras próprias de sociabilidade. Quando Dona Ivone chegou à maioridade, muitas brasileiras se casavam cedo e se concentravam nas tarefas do lar. Ela escolheu seguir profissões que lhe dariam estabilidade financeira e independência: enfermagem, serviço social e composição. Em casa, ela era a provedora; nas rodas de samba, a líder. Ao olhar para a capa do álbum *Samba, minha verdade, samba, minha raiz*, vê-se uma imagem dela feliz, cercada de homens, tocando seu cavaquinho. Ela não pediu permissão nem perdão.

Apesar da tenacidade, Dona Ivone nunca abraçou nenhuma forma de engajamento político. Preferia a melodia à letra, o lirismo ao poder, a conciliação ao questionamento. Apesar de ela rejeitar rótulos, sua existência teve uma importância para as pessoas negras e as mulheres no Brasil que muitos ativistas nunca conseguirão alcançar. Avançando devagar, mas com assertividade, ela superou o machismo do samba e, em 1965, tornou-se a primeira mulher a compor um samba-enredo em uma grande escola. Ela atribuiu seu pioneirismo ao fato de o Império Serrano gostar de inovar, mas nunca se absteve de mencionar o próprio talento e, mais importante, a sua autonomia.

A produção artística está ligada à criação coletiva, mas também à subjetividade. A arte é sempre uma ação compartilhada, uma vez que

> o artista como indivíduo negocia e elabora sua identidade única dentro de uma cultura, de códigos e de relações sociais de que faz parte e que ele também transforma com seu trabalho. A condição do artista como sujeito criativo só pode ser compreendida adequadamente se pudermos avaliar o espaço sociocultural (tradições, costumes, padrões, valores) em que ele se move, não como um autômato, mas como reinventor de códigos e linguagens.[149]

Sorriso negro é uma consequência do momento político que o Brasil enfrentava à época de seu lançamento. Ele estimulou debates sobre a identidade negra e feminina no país. A figura pública de Dona Ivone Lara, um exemplo de *resistência por existência*, redefiniu a compreensão intersubjetiva, impactando a sociedade brasileira como um todo.

Entre o momento em que Jason Stanyek, editor desta série pela Bloomsbury Academic, me convidou para escrever este livro e sua publicação, muita coisa mudou em relação ao debate sobre gênero no mundo e no Brasil. Claro, já prevíamos falar sobre *Sorriso negro* no contexto do fortalecimento dos movimentos feminista e negro no Brasil depois da abertura. No entanto, naquela época, não parecia que o legado de Dona Ivone Lara seria tão político quanto é hoje. Em 2016, o golpe que ti-

---

[149] Velho, Gilberto. "Autoria e criação artística". Comunicação apresentada no colóquio "Artifícios e Artefactos: Entre o literário e o antropológico".

rou do poder a primeira presidenta do Brasil, Dilma Rousseff, ampliou o questionamento da posição da mulher na sociedade patriarcal brasileira. Mais tarde, o movimento #MeToo provocou uma mudança de paradigma em alguns países. Paralelamente, as tentativas de negar o racismo no Brasil ficaram completamente sem sentido. A comoção que se seguiu ao assassinato da vereadora Marielle Franco, no Rio de Janeiro, é um exemplo dessa mudança. Mulheres e afrodescendentes estão exigindo representatividade e igualdade em universidades, nos esportes, na indústria cinematográfica e no mercado de trabalho em geral. Em diversas áreas, essa exigência deixou de ser um tema de discussão e se tornou uma obrigatoriedade.

Apesar disso (ou talvez em reação a isso), em outubro de 2018, os brasileiros correram para as urnas com o propósito de confirmar se queriam Jair Bolsonaro no comando do país. Uma maioria impressionante confiou em um sistema democrático jovem para escolher como presidente o homem que afirmou que uma ditadura de duas décadas "tinha que ter matado mais gente". Em sua carreira de deputado, Bolsonaro fez diversos comentários racistas, misóginos e homofóbicos.

Uma das mensagens que recebi no dia da morte de Dona Ivone Lara foi o link de um vídeo em que o bandolinista brasileiro Hamilton de Holanda e a cantora portuguesa Carminho interpretavam "Nasci para sonhar e cantar", título de meu primeiro livro e uma de minhas canções favoritas. Além da linda melodia, a letra é um testemunho do que Dona Ivone Lara significou para mim. Na composição, ela diz que nasceu para sonhar e cantar, mas também que "precisa" revelar o que traz dentro de si, como se esse sentimento fosse mais forte do que qualquer coisa.

Não ouvi a versão de Holanda e Carminho de imediato. Quase uma semana depois, enquanto lia o manuscrito do livro, abri o link. Tudo em que consegui pensar foi em Pretinho da Serrinha me dizendo que, se você ouve as canções de Dona Ivone Lara com o coração aberto e os olhos fechados, é impossível conter as lágrimas. Senti me invadirem a melodia, a letra, o bandolim perfeitamente impreciso e a poderosa voz de Carminho dando à faixa um quê de fado. Ao mesmo tempo, tive uma profunda sensação de gratidão. Depois de conhecer Dona Ivone Lara, aprendi a costurar, fiz três mestrados, concluí meu doutorado, me mudei para Nova York, tive um filho, me casei de novo, encontrei o amor, dirigi um trailer, pedi demissão, toquei em uma banda, visitei diversos países — eu me desafiei. Algumas dessas coisas, eu fiz muito bem. Outras foram completos desastres. Mas fiz tudo isso porque quis. Compartilho com muitos brasileiros essa certeza de dever tanto a Dona Ivone, mesmo que inconscientemente. Ela será sempre lembrada como criadora de melodias que incorporam o poder da música e nos ajudam a entender o amor, a morte, o ódio, quem somos e quem não queremos ser. Elas podem nos convencer de que o mundo é nosso. Se quisermos.

Referências bibliográficas

Alberti, Verena e Pereira, Amílcar Araújo (orgs.). *Histórias do movimento negro no Brasil: Depoimentos ao CPDOC*. Rio de Janeiro: Pallas Editora, 2007.

Alberto, Paulina L. "When Rio Was Black: Soul Music, National Culture, and the Politics of Racial Comparison in 1970s Brazil", *Hispanic American Historical Review* 89, nº 1, 2009, pp. 3-39.

Albin, Ricardo Cravo. *MPB — A história de um século*. Rio de Janeiro: Funarte, 1998.

Alencar, Edigar de. *O carnaval carioca através da música*. Rio de Janeiro: Livraria Freitas Bastos, 1965.

_____. *Nosso Sinhô do Samba*. Rio de Janeiro: Funarte, 1981.

Andrade, Mário de. *Ensaio sobre a música brasileira*. São Paulo: Vila Rica; Brasília: INL, 1972. Disponível em: <https://www.ufrgs.br/cdrom/mandrade/mandrade.pdf>. Acesso em 2 fev. 2020.

André, Marcos e Menezes, Luciane. *Jongo do Quilombo São José*. Rio de Janeiro: Associação Brasil Mestiço, 2004.

Andrews, George Reid. *Blacks & Whites in São Paulo, Brazil, 1888—1988*. Madison, WI: University of Wisconsin Press, 1991.

Arinos, Afonso. *Obra completa*. Rio de Janeiro: Conselho Federal de Cultura, 1969.

Bacelar, Jefferson e Souza, Maria Conceição B. de. *O Rosário dos Pretos do Pelourinho*. Salvador: Fundação do Patrimônio Artístico e Cultural da Bahia, 1974.

Barr-Melej, Patrick. *Psychedelic Chile: Youth, Counterculture, and Politics on the Road to Socialism and Dictatorship*. Chapel Hill, NC: The University of North Carolina Press, 2017.

Bastide, Roger. *As religiões africanas no Brasil*. São Paulo: Pioneira/ USP, 1971.

Benjamin, Medea e Mendonça, Maisa. *Benedita da Silva: An Afro-Brazilian Woman's Story of Politics and Love*. Oakland: Food First Books, 1997.

Bergson, Henri. *La energía espiritual*. Madri: Editora Espasa Calpe, 1996.

_____. *Matter and Memory*. Nova York: Zone Books, 1988.

Blanc, Aldir; Sukman, Hugo e Vianna, Luiz Fernando. *Heranças do samba*. Rio de Janeiro: Casa da Palavra, 2004.

Bobel, Chris. "'I'm Not an Activist, though I've Done a Lot of It:' Doing Activism, Being Activist and the 'Perfect Standard' in a Contemporary Movement". *Social Movement Studies* 6, nº 2, 2007, pp. 147-59.

Bocskay, Stephen. "Undesired Presences: Samba, Improvisation, and Afro-politics in 1970s Brazil". *Latin American Research Review* 52, nº 31, 2007, pp. 64-78.

Braga, Leandro. *Primeira Dama: A música de Dona Ivone Lara*. Rio de Janeiro: Gryphus, 2003.

Brito, Angela Neves-Xavier de. "Brazilian Women in Exile: The Quest for an Identity", *Latin American Perspectives* 13, nº 2, 1986, pp. 58-80.

Browning, Barbara. *Samba: Resistance in Motion*. Bloomington, IN: Indiana University Press, 1995.

Burns, Mila. *Nasci para sonhar e cantar: Dona Ivone Lara — A mulher no samba*. Rio de Janeiro: Record, 2009.

Cabral, Sérgio. *As escolas de samba do Rio de Janeiro*. Rio de Janeiro: Editora Lumiar, 1996.

_____. "Getúlio Vargas e a música popular brasileira", *Ensaios de Opinião* 2, nos 2-1, 1975, pp. 36-41.

Câmara, Yls Rabelo. "Sereia Amazônica, Iara e Yemanjá, entidades aquáticas femininas dentro do folclore das Águas no Brasil", *Agália:*

Publicaçom internacional da Associaçom Galega da Lingua 97/98, 2009, pp. 115-30.

Cardozo, Manoel S. "The Lay Brotherhoods of Colonial Bahia", *Catholic Historical Review* 33, nº 1, 1947, pp. 12-30.

Carneiro, Edison. *Antologia do negro brasileiro*. Porto Alegre: Editora Globo, 1950.

_____. *Candomblés da Bahia*. Salvador: Editora do Museu do Estado da Bahia, 1948.

Cascudo, Luís da Câmara. *Dicionário do Folclore Brasileiro*. Rio de Janeiro: Ed. Ediouro, 1954.

Castro, Ruy. *Chega de saudade: A história e as histórias da bossa nova*. São Paulo: Companhia das Letras, 1990.

Cavalcanti, Maria Laura Viveiros de Castro. *Carnaval carioca: Dos bastidores ao desfile*. Rio de Janeiro: Funarte; UFRJ, 1994.

Cavalcanti, Pedro Uchôa; Celso, Pedro e Ramos, Jovelino (orgs.). *Memórias do exílio, 1964/19??: De muitos caminhos*, vol. 1. São Paulo: Livramento, 1978.

Collins, Patricia Hill. *On Intellectual Activism*. Filadélfia, PA: Temple University Press, 2013.

Costa, Albertina de Oliveira; Moraes, Maria Teresa Porciúncula de Moraes; Marzola, Norma; e Lima, Valentina da Rocha (orgs.). *Memórias das mulheres do exílio*, vol. 2. Rio de Janeiro: Paz e Terra, 1980.

Costa, Emília Viotti da. *Da senzala à colônia*. São Paulo: Unesp, 1998.

Costa, Haroldo. *Salgueiro: Academia do Samba*. Rio de Janeiro: Record, 1984.

Costa, Luis Monteiro da. "A devoção de Nossa Senhora do Rosário na cidade do Salvador", *Revista do Instituto Genealógico da Bahia* 10, nº 10, 1958, pp. 95-113.

Covin, David. "Afrocentricity in O Movimento Negro Unificado", *Journal of Black Studies* 21, nº 2, 1990, pp. 126-44.

Cunha, Maria Clementina Pereira. *Ecos da folia: Uma história social do carnaval carioca entre 1880 e 1920*. São Paulo: Editora Companhia das Letras, 2001.

Diamond, Irene. *Feminism and Foucault: Reflections on Resistance*. Lebanon, NH: Northeastern, 1988.

Dias, Paulo. "O lugar da fala: Conversas entre o jongo brasileiro e o ondjango angolano", *Revista do Instituto de Estudos Brasileiros* 59, 2014, pp. 329-67.

Diniz, André. *Pixinguinha: O gênio e o tempo*. São Paulo: Casa da Palavra, 2012.

Diniz, André e Cunha, Diogo. *Na passarela do samba*. São Paulo: Casa da Palavra, 2014.

Diniz, Edinha. *Chiquinha Gonzaga: Uma história de vida*. Rio de Janeiro: Codecri, 1984.

Domingues, Petrônio. "Movimento Negro Brasileiro: Alguns apontamentos históricos", *Tempo* 12, nº 23, 2007, pp. 100-22.

Dunn, Christopher. *Brutality Garden: Tropicalia and the Emergence of a Brazilian Counterculture*. Chapel Hill, NC: The University of North Carolina Press, 2014.

_____. *Contracultura*. Chapel Hill, NC: The University of North Carolina Press, 2016.

Efegê, Jota. *Ameno Resedá: O rancho que foi escola*. Rio de Janeiro: Editora Letras e Artes, 1965.

_____. Figuras e coisas da música popular brasileira (Rio de Janeiro: MEC/Funarte, 1979).

Farias, Edson. *O desfile e a cidade: O carnaval-espetáculo carioca*. Rio de Janeiro: e-papers, 2005.

Fausto, Boris. *A Revolução de 1930, historiografia e história*. São Paulo: Companhia das Letras, 1997.

Fernandes, Dmitri Cerboncini. "A negra essencialização do samba", *Luso-Brazilian Review* 51 — nº1, 2014, pp. 132-56.

Fernandes, Florestan. *A integração do negro na sociedade de classes*. São Paulo: Editora Dominus/USP, 1965.

_____; Bastide, Roger. *Brancos e negros em São Paulo*. São Paulo: Cia. Editora Nacional, 1971.

_____; _____. *Capitalismo dependente e classes sociais na América Latina*. Rio de Janeiro: Zahar, 1973.

Ferreira, Felipe. *O marquês e o jegue: Estudo da fantasia para escolas de samba.* Rio de Janeiro: Altos da Glória, 1999.

Filho, Juvino Alves dos Santos. "Ensaio sobre o samba", *Repertório,* pp. 43-6. Disponível em: <www.revistarepertorioteatroedanca.tea.ufba.br/11/arq_pdf/ ensaiosobreosamba.pdf>.

Fontaine, Pierre-Michel (org.). *Race, Class, and Power in Brazil.* Los Angeles, CA: Center for Afro-American Studies, UCLA, 1985.

Foucault, Michel. *História da sexualidade 1: A vontade de saber*. Rio de Janeiro: Edições Graal, 1988.

Freyre, Gilberto. *Casa-grande & senzala*. 50ª edição revista. São Paulo: Global, 2005.

_____. *Sobrados e mucambos*. 14ª edição revista. São Paulo: Global, 2003.

Frostig, Karen, "Arts Activism: Praxis in Social Justice, Critical Discourse, and Radical Modes of Engagement", *Art Therapy* 28, nº 2, 2011, pp. 50-6.

Furtado, Júnia Ferreira. *Chica da Silva: A Brazilian Slave of the Eighteenth Century.* Nova York, NY: Cambridge University Press, 2008.

Galinsky, Philip. "Co-option, Cultural Resistance, and Afro-Brazilian Identity: A History of the 'Pagode' Samba Movement in Rio de Janeiro", *Latin American Music Review / Revista de Música Latinoamericana* 17, nº 2, outono-inverno, 1996, pp. 120-49.

Gandra, Edir. *Jongo da Serrinha: Do terreiro aos palcos*. Rio de Janeiro: Giorgio Gráfica e Editora, 1995.

Gans, Herbert J. *Popular Culture and High Culture*. Nova York, NY: Basic Books Inc. Publishers, 1974.

Gessa, Marília e Pardue, Derek. *Racionais MCs' — Sobrevivendo no Inferno.* Nova York, NY: Bloomsbury Academic, 2021.

Gilroy, Paul. *O Atlântico Negro: Modernidade e dupla consciência*. São Paulo: Editora 34, 2001.

Gledhill, Sabrina. "Expandindo as margens do Atlântico Negro: Leituras sobre Booker T. Washington no Brasil", *Revista de História Comparada* 7, nº 2, 2013, pp. 122-48.

Gomes, Rodrigo Cantos Savello. "Samba no feminino: Transformações das relações de gênero no samba carioca nas três primeiras décadas do século XX", tese de mestrado. Florianópolis: Universidade do Estado de Santa Catarina, 2011. Disponível em: <http://sistemabu.udesc.br/pergamumweb/vinculos/00006a/00006ae3.pdf>

_____. "Tias Baianas que lavam, cozinham, dançam, cantam, tocam e compõem: um exame das relações de gênero no samba da Pequena África do Rio de Janeiro na primeira metade do século XX", apresentação, I Simpósio Brasileiro de Pós-Graduandos em Música XV Colóquio do Programa de Pós-Graduação em Música da UniRio, Rio de Janeiro, 2010.

Gonzalez, Lélia. "The Unified Black Movement: A New Stage in Black Political Mobilization," in: Fontaine, Pierre-Michel (org.). *Race, Class, and Power in Brazil*. Los Angeles, CA: UCLA, 1985, pp. 120-34.

Grin, Monica e Maio, Marcos Chor. "O antirracismo da ordem no pensamento de Afonso Arinos de Melo Franco", *Topoi* 14, nº 26, 2013, pp. 33-45.

Guimarães, Valéria. "A passeata contra a guitarra e a 'autêntica' música brasileira", in: Rodrigues, Cristina Carneiro; Luca, Tania Regina; e Guimarães, Valéria. *Identidades brasileiras: Composições e recomposições*. São Paulo: Editora Unesp, 2014, pp. 145-74.

Hanchard, Michael George. *Orpheus and Power: The Movimento Negro of Rio de Janeiro and São Paulo, Brazil, 1945—1988*. Princeton, NJ: Princeton University Press, 1994.

_____. (org.). *Racial Politics in Contemporary Brazil*. Durham, NC: Duke University Press, 1999.

Hentz, Isabel Cristina e Veiga, Ana Maria. "Entre o feminismo e a esquerda: Contradições e embates da dupla militância", in: Pedro, Joana Maria; Wolff, Cristina Scheibe; e Veiga, Ana Maria. *Resistências, gênero e feminismos contra as ditaduras no Cone Sul*. Florianópolis: Editora Mulheres, 2011, pp. 145-64.

Hertzman, Marc A. *Making Samba: A New History of Race and Music in Brazil*. Durham, NC: Duke University Press, 2013.

Holanda, Sérgio Buarque de. *Raízes do Brasil*. Rio de Janeiro: Editora José Olympio, 1936.

Horta, Bernardo Carneiro. *Nise: Arqueóloga dos mares*. Rio de Janeiro: E+A Edições do Autor, 2008.

Jesus, Ilma Fátima de. "O pensamento do MNU — Movimento Negro Unificado", in: Silva, Petronilha Beatriz Gonçalves e Barbosa, Lucia Maria de Assunção (orgs.). *O pensamento negro em educação no Brasil: Expressões do movimento negro*. São Carlos: UFSCar, 1997, pp. 41-59.

Júnior, Caio Prado. *Formação do Brasil contemporâneo*. São Paulo: Brasiliense, 1996.

Junior, Nilton Rodrigues. "Pastoras na voz, insubmissas na vida? As mulheres da Velha Guarda da Portela", *Temiminós Revista Científica* 5, nº 1, 2015, pp. 52-64.

Lapoujade, David. "The Normal and the Pathological in Bergson", *MLN* 120, nº 5, Comparative Literature Issue, 2005, pp. 1146-55.

Lopes, Nei. *O negro no Rio de Janeiro e sua tradição musical: Partido-alto, calango, chula e outras cantorias*. Rio de Janeiro: Pallas, 1992.

Maggie, Yvonne. *Guerra de Orixá. Um estudo de ritual e conflito*. Rio de Janeiro: Jorge Zahar Editor, 2001.

Marques, Teresa Cristina Schneider. "Lembranças do exilio: As produções memorialísticas dos exilados pela ditadura militar brasileira", in: Medeiros, Elias e Molin, Naiara (orgs.). *A construção da memória política*. Pelotas-RS: UFPEL, 2011, pp. 119-37.

Matta, Roberto da. *Carnavais, malandros e heróis: Para uma sociologia do dilema brasileiro*. Rio de Janeiro: Rocco, 1979.

Matthias, Leon L. "Book Review: Masters and Slaves", *The American Catholic Sociological Review* 7, nº 4, dez. 1946, pp. 282-4.

Mello, Marcelo de. *O enredo do meu samba — A história de quinze sambas-enredo imortais*. Rio de Janeiro: Record, 2015.

Monteiro, Helene. "O ressurgimento do Movimento Negro no Rio de Janeiro na década de 70", tese de mestrado, Universidade Federal do Rio de Janeiro, 1991.

Moura, Roberto. *Tia Ciata e a Pequena África no Rio de Janeiro*. Rio de Janeiro: Funarte, 1983.

Mukuna, Kazadi Wa. *Contribuição bantu na música popular brasileira*. São Paulo: Global Editora, 1978.

Mulvey, Patricia. "The Black Lay Brotherhoods of Colonial Brazil: A History", dissertação para obtenção do título de Ph.D., City University of New York, 1976.

Munhoz, Raquel. *Quelé, a voz da cor: Biografia de Clementina de Jesus*. Rio de Janeiro: Civilização Brasileira, 2017.

Nascimento, Abdias do, *O genocídio do negro brasileiro*. Rio de Janeiro: Paz e Terra, 1978.

_____. *O negro revoltado*. Rio de Janeiro: Editora Nova Fronteira, 1982.

_____. "Racial Democracy", in: *Brazil: Myth or Reality*. Ibadan: Sketch Publishers, 1977.

_____; Paulo Freire; e Sodré, Nelson Werneck (orgs.). *Memórias do exílio*. Lisboa: Arcádia, 1976.

Naves, Santuza Cambraia. *Da bossa nova à tropicália*. Rio de Janeiro: Zahar, 2001.

_____; Elizabeth Travassos. "O violão azul. Modernismo e música popular", *DEBATES — Cadernos do Programa de Pós-Graduação em Música* 3, 2014, pp. 97-101.

Neto, Lira. *Uma história do samba: Volume 1 (As origens)*. São Paulo: Companhia das Letras, 2017.

Neves, José Roberto Santos. *Maysa*. Vitória: Contexto Jornalismo e Assessoria Ltda / Núcleo de Projetos Culturais e Ecológicos, 2004.

Nobile, Lucas. *Dona Ivone Lara: A primeira-dama do samba*. Rio de Janeiro: Sonora Editora, 2015.

Oliveira, Aloysio de. *De Banda pra Lua*. Rio de Janeiro: Editora Record, 1982.

Oliveira, Luciana Xavier de. "África Brasil (1976): Uma análise midiática do álbum de Jorge Ben Jor", *Contemporânea — Revista de Comunicação e Cultura* 10, nº 1, 2012, pp. 158-74.

Ott, Carlos. "A Irmandade do Nossa Senhora do Rosário dos Pretos do Pelourinho", *Afro-Ásia* nº 6-7, 1968, pp. 119-26.

Peixoto, Luiz Felipe de Lima e Sebadelhe, Zé Octavio. *1976: Movimento Black Rio*. Rio de Janeiro: José Olympio, 2016.

Pereira, Amílcar Araújo. "Influências externas, circulação de referenciais e a constituição do movimento negro contemporâneo no Brasil: Idas e vindas no 'Atlântico Negro'", *Ciências e Letras Porto Alegre* 44, 2008, pp. 215-36.

_____. "Linhas (da cor) cruzadas: Relações raciais, imprensa negra e Movimento Negro no Brasil e nos Estados Unidos", in: Pereira, Amauri Mendes e Silva, Joselina da. *O Movimento Negro Brasileiro: Escritos sobre os sentidos de democracia e justiça social no Brasil*. Belo Horizonte: Nandyala, 2009, pp. 109-26.

Pimentel, João. *Jorge Aragão: O enredo de um samba*. Rio de Janeiro: Sonora Edições, 2016.

Pinho, Patricia de Santana. "Descentrando os Estados Unidos nos estudos sobre negritude no Brasil", *Revista Brasileira de Ciências Sociais* 20, nº 59, 2005, pp. 37-50.

Pinto, Célia Regina Jardim. *Uma história do feminismo no Brasil*. São Paulo: Editora Fundação Perseu Abramo, 2003.

Pinto, L.A. Costa. *Recôncavo — Laboratório de uma experiência humana*. Rio de Janeiro: Centro Latino-Americano de Pesquisas em Ciências Sociais, publicação número 1, 1958.

Pickett, Brent L. "Foucault and the Politics of Resistance", *Polity XXVIII*, nº 4, 1996, pp. 445-66.

Porciúncula, Paula Paraíso. "*A Dança da Solidão* (1972) e *Nervos de Aço* (1973): A arte nas capas de discos durante a ditadura no Brasil", TCC, Universidade Federal de Santa Catarina, 2016. Disponível em: <https://repositorio.ufsc.br/xmlui/bitstream/handle/123456789/179608/TCC_Paula_Paraiso_Porciuncula_2016_1.pdf?sequence=1&isAllowed=y>.

Reginaldo, Lucilene. *Os rosários dos angolas — Irmandades de africanos e crioulos na Bahia setecentista*. São Paulo: Alameda, 2011.

Reis, João José. "Identidade e diversidade étnicas nas irmandades negras no tempo da escravidão", *Tempo* 2, nº 3, 1996, pp. 7-33.

Ribeiro, Alexandre Vieira. "Estimativas sobre o volume do tráfico transatlântico de escravos para a Bahia, 1582—1851". Disponível em: <https://anpuh.org.br/uploads/anais-simposios/pdf/2019-01/1548206572_c762cf776376d90255d7caadbd3d1704.pdf>.

Ribeiro, Djamila. *O que é lugar de fala?*. Belo Horizonte: Letramento, 2017.

Rio, João do. *As religiões no Rio*. 1904. Disponível em: <http://www.dominiopublico.gov.br/download/texto/bi000185.pdf>.

Rocha, Arthur Dantas. *Racionais MC's, Sobrevivendo no inferno*. Rio de Janeiro: Editora Cobogó, no prelo.

Rollemberg, Denise. *Exílio: Entre raízes e radares*. Rio de Janeiro: Record, 1999.

Saffioti, Heleieth. *A mulher na sociedade de classes — Mito e realidade*. Petrópolis: Vozes, 1976.

Sandroni, Carlos. *Feitiço decente: Transformações do samba no Rio de Janeiro (1917—1933)*. Rio de Janeiro: Jorge Zahar; Ed. UFRJ, 2001.

_____. *Samba de roda do Recôncavo Baiano*. Instituto do Patrimônio Histórico e Artístico Nacional — Iphan. Disponível em: <http://portal.iphan.gov.br/uploads/ publicacao/PatImDos_SambaRodaReconcavoBaiano_m.pdf>.

Sansone, Livio. "Negritudes e racismos globais? Uma tentativa de relativizar alguns dos novos paradigmas 'universais' nos estudos da etnicidade a partir da realidade brasileira", *Horizontes Antropológicos* 4, nº 8, 1998, pp. 227-37.

Santanna, Marilda. *As bambas do samba: Mulher e poder na roda.* Salvador: Edfba, 2016.

Santos, Alexandre Reis dos. "Eu quero ver quando Zumbi chegar: Negritude, política e relações raciais na obra de Jorge Bem (1963-1976)", tese de mestrado, Departamento de História, Universidade Federal Fluminense, 2014.

Santos, Gislene Aparecida dos. *Mulher negra, homem branco. Um breve estudo do feminino negro.* Rio de Janeiro: Pallas, 2004.

Santos, Joel Rufino dos. "O movimento negro e a crise brasileira", *Política e Administração* 2, nº 2, 1985, pp. 287-307.

Santos, Katia. *Ivone Lara: A dona da melodia*. Rio de Janeiro: Editora Garamond, 2010.

Santos, Katia Regina da Costa. "Dona Ivone Lara: Voz e corpo da síncopa do samba", tese para obtenção do título de Ph.D., University of Georgia, 2005. Disponível em: <https://getd.libs.uga.edu/pdfs/santos_katia_c_200505_phd.pdf>.

Santos, Thereza. "The black movement: without identity there is no consciousness or struggle", *UCLA Latin American Studies*, 86, 1999, pp. 23-30.

Schumaher, Schuma (org.). *Dicionário mulheres do Brasil: De 1500 até a atualidade. Biográfico e ilustrado.* Rio de Janeiro: Jorge Zahar Editor, 2000.

Schütz, Alfred. *The Phenomenology of the Social World*. Evanston, IL: Northwestern University Press, 1967.

Scott, James C. *Domination and the Arts of Resistance: Hidden Transcripts*. New Haven, CT: Yale University Press, 2010.

Silva, Marília T. Barboza da e Arthur L. de Oliveira Filho. *Silas de Oliveira, do jongo ao samba-enredo*. Rio de Janeiro: Funarte, 1981.

Skidmore, Thomas E. *Black into White: Race and Nationality in Brazilian Thought*. Durham, NC: Duke University Press, 1993.

_____. *The Politics of Military Rule in Brazil, 1964—1985*. Nova York, NY: Oxford University Press, 1990.

Sodré, Muniz. *Samba, O dono do corpo*. Rio de Janeiro: Mauad, 1998.

Stanyek, Jason e Oliveira, Fabio. "Nuances of Continual Variation in the Brazilian Pagode Song 'Sorriso Aberto'", in: Tenzer, Michael e Roeder, John. *Analytical and Cross-Cultural Studies in World Music*. Nova York, NY: Oxford University Press, 2011, pp. 98-146.

Strauss, Anselm. *Espelhos e máscaras: A busca da identidade*. São Paulo: Edusp, 1999.

Tatit, Luiz. *O século da canção*. Cotia: Ateliê Editorial, 2004.

Teles, Amelinha e Leite, Rosalina Santa Cruz. *Da guerrilha à imprensa feminista: A construção do feminismo pós-luta armada no Brasil (1975-1980)*. São Paulo: Editora Intermeios, 2013.

Teles, Maria Amélia Almeida. *Breve história do feminismo no Brasil*. São Paulo: Editora Brasiliense, 1993.

Tinhorão, José Ramos. *História social da música popular brasileira*. São Paulo: Editora 34, 1998.

_____. *A música popular no romance brasileiro (vol. II: séc. XX [1ª parte])*. São Paulo: Editora 34, 2000.

_____. *Pequena história da música popular segundo seus gêneros*. São Paulo: Editora 34, 2013.

_____. *O samba agora vai...* Rio de Janeiro: J.C.M. Editores, 1969.

Twine, France Winddance. *Racism in a Racial Democracy: The Maintenance of White Supremacy in Brazil*. New Brunswick, NJ: Rutgers University Press, 1998.

Valença, Rachel e Valença, Suetônio. *Serra, Serrinha, Serrano, o império do samba*. Rio de Janeiro: Record, 2017.

Velho, Gilberto. *Individualismo e cultura: Notas para uma antropologia da sociedade contemporânea*. Rio de Janeiro: Zahar, 1981.

_____. *Projeto e metamorfose: Antropologia das sociedades complexas*. Rio de Janeiro: Jorge Zahar Editor, 1994.

_____; Kushnir, Karina. "Autoria e criação artística", comunicação apresentada no colóquio Artifícios e Artefactos: Entre o Literário e o Antropológico. Fórum de Ciência e Cultura da UFRJ, RJ, 2004.

_____; _____. *Mediação, cultura e política*. Rio de Janeiro: Aeroplano, 2001.

Velloso, Mônica Pimenta. "As tias baianas tomam conta do pedaço… Espaço e identidade cultural no Rio de Janeiro", *Estudos Históricos* 3, nº 6, 1990, pp. 207-28.

Vianna, Hermano. "A meta mitológica da democracia racial", in: Falcão, Joaquim e Araújo, Rosa Maria Barboza de (orgs.). *O imperador das ideias. Gilberto Freyre em questão*. Rio de Janeiro: Fundação Roberto Marinho, 2001, pp. 215-21.

_____. *O mistério do samba*. Rio de Janeiro: Jorge Zahar Editor e Editora UFRJ, 1995.

Vicente, Eduardo. "Segmentação e consumo: A produção fonográfica brasileira — 1965-1999". *ArtCultura, Uberlândia* 10, nº 16, 2008, pp. 103-12. Disponível em: <http://www.seer.ufu.br/index.php/artcultura/article/view/1500/2755>.

Vilhena, Luís Rodolfo. *Projeto e missão: O movimento folclórico brasileiro*. Rio de Janeiro: Funarte / FGV, 1997.

White, John David. *The Analysis of Music. Englewood Cliffs*. NJ: Prentice-Hall, 1976.

Wodak, Ruth. *Discursive Construction of National Identity.* Edimburgo: Edinburgh University Press, 2009.

Som e imagem

Candeia. "Sou mais o samba," in: *Quatro grandes do samba*. Rio de Janeiro: RCA/BMG, 2001, faixa 7.

Chico Buarque de Hollanda, *Construção*. Rio de Janeiro: Marola Edições Musicais, 1971.

Dona Ivone Lara. *Sorriso negro*. Rio de Janeiro: WEA, 1982. LP.

Dona Ivone Lara e Ile Aiyê. Vários. *Rosário dos Pretos — Cânticos*. Compilação, 1999, faixa 14.

Paulinho da Viola. *Nervos de aço*. Rio de Janeiro: Odeon, 1973.

Sambabook — Dona Ivone Lara. Compilação, Universal Music, 2015. DVD.

Uma noite em 67. Direção: Ricardo Calil e Renato Terra. Rio de Janeiro: VideoFIlmes, 2010. DVD.

© Editora de Livros Cobogó, 2021

Organização da coleção
Frederico Coelho e Mauro Gaspar

Editora-chefe
Isabel Diegues

Edição
Aïcha Barat

Gerente de produção
Melina Bial

Revisão final
Eduardo Carneiro

Capa
Radiográfico

Projeto gráfico e diagramação
Mari Taboada

CIP-BRASIL. CATALOGAÇÃO-NA-FONTE
SINDICATO NACIONAL DOS EDITORES DE LIVROS, RJ

	Burns, Mila
B977d	Dona Ivone Lara : sorriso negro / Mila Burns ; tradução Alyne Azuma. - 1. ed. - Rio de Janeiro : Cobogó, 2021.

168 p. ; 19 cm. (O livro do disco)

Tradução de: Dona Ivone Lara's sorriso negro
ISBN 978-65-5691-022-2

1. Lara, Dona Ivone, 1922-2018. Sorriso negro. 2. Música popular - Brasil - História e crítica. I. Azuma, Alyne. II. Título. III. Série.

21-68698	CDD: 782.421640981
	CDU: 78.071(81)

Meri Gleice Rodrigues de Souza - Bibliotecária - CRB-7/6439

Nesta edição foi respeitado o Acordo Ortográfico da Língua Portuguesa de 1990, que entrou em vigor no Brasil em 2009.

Todos os direitos em língua portuguesa reservados à
Editora de Livros Cobogó Ltda.
Rua Gen. Dionísio, 53, Humaitá
Rio de Janeiro, RJ, Brasil - 22271-050
www.cobogo.com.br

O LIVRO DO DISCO

Organização: Frederico Coelho | Mauro Gaspar

The Velvet Underground | **The Velvet Underground and Nico**
Joe Harvard

Jorge Ben Jor | **A tábua de esmeralda**
Paulo da Costa e Silva

Tom Zé | **Estudando o samba**
Bernardo Oliveira

DJ Shadow | **Endtroducing...**
Eliot Wilder

O Rappa | **LadoB LadoA**
Frederico Coelho

Sonic Youth | **Daydream nation**
Matthew Stearns

Legião Urbana | **As quatro estações**
Mariano Marovatto

Joy Division | **Unknown Pleasures**
Chris Ott

Stevie Wonder | **Songs in the Key of Life**
Zeth Lundy

Jimi Hendrix | **Electric Ladyland**
John Perry

Led Zeppelin | **Led Zeppelin IV**
Erik Davis

Neil Young | **Harvest**
Sam Inglis

Beastie Boys | **Paul's Boutique**
Dan LeRoy

Gilberto Gil | **Refavela**
Maurício Barros de Castro

Nirvana | **In Utero**
Gillian G. Gaar

David Bowie | **Low**
Hugo Wilcken

Milton Nascimento e Lô Borges | **Clube da Esquina**
Paulo Thiago de Mello

Tropicália ou Panis et circensis
Pedro Duarte

Clara Nunes | **Guerreira**
Giovanna Dealtry

Chico Science e Nação Zumbi | **Da lama ao caos**
Lorena Calábria

Gang 90 & Absurdettes | **Essa tal de Gang 90 & Absurdettes**
Jorn Konijn

2021

1ª impressão

Este livro foi composto em Helvetica.
Impresso pela gráfica Imos Gráfica,
sobre papel Offset 75g/m².